ASCHENDORFFS SAMMLUNG
LATEINISCHER UND GRIECHISCHER
KLASSIKER

PLATON
SYMPOSION

Vollständige Ausgabe
Eingeleitet und kommentiert von

HANS REYNEN

Text

Aschendorff
Verlag

Umschlagbild: Symposion
(Fresko im Museum in Paestum, ca. 480 v. Chr.)

9. Auflage
Nach der neuen deutschen Rechtschreibung

Gesamtherstellung:
Aschendorff Druckzentrum GmbH & Co. KG

ISBN 978-3-402-02232-0

Inhalt

Vorwort

Diese Ausgabe ist für die Schule bestimmt. Dennoch glaubte ich, entgegen der bei diesem Werk meist geübten Praxis den ganzen Text bieten zu müssen, da einmal der Charakter des Symposions als Kunstwerk eine Kürzung schon durch den Herausgeber nicht duldet, zum anderen aber – und das ist entscheidend – die Partie, die man meist streicht, für die Interpretation eigentlich unentbehrlich ist.

In der Textgestaltung bin ich eklektisch verfahren. Ständig herangezogen wurden die Ausgaben von Burnet und Hermann-Wohlrab sowie der gegenüber der Überlieferung manchmal allzu kritisch eingestellte Kommentar von A. Hug. Wo diese drei nicht denselben Text boten, habe ich überall auch die Ausgabe von Robin verglichen. Über die Abweichungen von Burnet gibt ein Verzeichnis Aufschluss.

Die Orthographie wurde vereinheitlicht und möglichst der in Schulen gültigen Norm angepasst. So schrieb ich überall συν- statt ξυν-, kontrahierte in der 2. P. Sg. Ind. Pr. Med. und Pass., außer etwa βούλει und οἴει, immer zu -ῃ statt zu -ει, das man bei Hermann-Wohlrab relativ oft sieht, und schrieb für den Nom. und Akk. Sg. Neutr. des verallgemeinernden Relativpronomens immer ὅ τι. Schließlich gab ich der attischen Schreibung -ττ- gegenüber -σσ- überall den Vorzug.

Satzzeichen wurden reichlich gesetzt, da sie dem Schüler die Übersicht über den Satz erleichtern. So steht nach Möglichkeit jeder Nebensatz in Kommata. Wie üblich wurden auch partizipiale Satzglieder oft in Kommata eingeschlossen. Parenthesen wurden durch Gedankenstriche gekennzeichnet. Wenn auf ein Verb des Sagens eine direkte Rede folgt, wurde überall ein Kolon gesetzt. Ist eine mit ὅτι eingeleitete Rede nur formal eine indirekte Rede, so habe ich mit Burnet das auf das ὅτι folgende Wort groß geschrieben, aber im Gegensatz zu ihm deswegen vor dem ὅτι doch ein Komma gesetzt.

Damit der Schüler in einem so umfangreichen Werk, wie das Symposion es ist, die Übersicht nicht verliert, glaubte ich, ihm Hilfe leisten zu müssen. So wurden die einzelnen Glieder des Werkes durch Überschriften voneinander abgesetzt. Aber auch innerhalb der sich so ergebenden Abschnitte habe ich weder, wie Hermann-Wohlrab, jeweils nur bei einem neuen Kapitel einen Absatz gemacht, da allzu lange, ungegliedert durchgehende Texte den Schüler ermüden und verwirren, noch habe ich, außer im ersten Kapitel, jeweils den Übergang der Rede auf einen neuen Sprecher durch einen Absatz gekennzeichnet. Denn einmal hat man es vom zweiten Kapitel an ja nur mit einem indirekten Bericht zu tun, der eigentliche Sprecher bleibt also immer derselbe, und zum anderen würde einerseits eng Zusammengehörendes durch Absätze auseinandergerissen, andererseits aber blieben lange Reden desselben Sprechers ungegliedert. Vielmehr habe ich den Text ganz neu aufgegliedert. Dabei war ich bestrebt, möglichst Abschnitte von einer drittel bis zu einer halben Seite zu bekommen. Aber ob das möglich war, entschied immer der Sinn. Ich hoffe, ihm nirgendwo zuwider gehandelt zu haben.

Brühl bei Köln, im September 1960

Dr. Hans Reynen

Vorwort zur 9. Auflage

Für die neue Auflage wurden Einleitung und Anhang erneut leicht überarbeitet. Die bewährte Wiedergabe der Originaltextes konnte unverändert bleiben.

Walberberg bei Bornheim, im Dezember 2009

Dr. Hans Reynen

Einleitung

I. Die Stellung des Symposions im literarischen Schaffen Platons

Als Platon das Symposion schrieb, befand er sich auf der Höhe seines Schaffens. Das Werk steht in enger Nähe zum Phaidon. Weit zurück lagen schon die ersten Schriften, die Apologie und der Kriton, die noch ganz unter dem Eindruck des schmerzlichen und unbegreiflichen Todes des Sokrates entstanden waren. Beide haben ihre Mitte in der Persönlichkeit des Meisters, seinem Beruf und seiner Treue zu dem, was er einmal als richtig erkannt und das ganze bisherige Leben hindurch gelehrt hatte. Diesen ersten glücklichen Versuchen war eine lange und heftige Auseinandersetzung mit den Sophisten gefolgt. Aus den Dialogen dieser Zeit ragen der Protagoras und der Gorgias sowie das erste Buch des Staates hervor. Dem Symposion geht auch noch der Menon voraus mit seiner Lehre vom präexistenziellen Wissen und der Wiedererinnerung, die für die Ausgestaltung von Platons grundlegendem Beitrag zur Philosophiegeschichte, der Ideenlehre, bedeutsam wurde. Von den späteren Werken des reifen und alternden Platon seien bloß die beiden wichtigsten genannt, der Staat, in dem die Ideenlehre voll ausgebaut erscheint, und die Gesetze.

II. Die Platonischen Schriften als literarische Kunstwerke

Während von Aristoteles, Platons bedeutendstem Schüler, nur die für den internen Gebrauch der eigenen Schule bestimmten Schriften, die man darum als esoterische bezeichnet, auf uns gekommen sind, hat uns die Überlieferung von Platon gerade die für ein breites Publikum philosophisch Interessierter bestimmten exoterischen Schriften erhalten. Im Gegensatz zu den bekannten Aristotelischen Schriften, die ohne Rücksicht auf die äußere Form ganz der Sache zugewandt sind und ihre Gedanken höchst nüchtern ohne jedes Beiwerk entwickeln, stellen die uns überlieferten Platonischen Schriften literarische Ansprüche, sie wollen als Kunstwerke aufgefasst werden.

In seiner Jugend hatte Platon Tragödien geschrieben, sie aber verbrannt, als er Sokrates kennenlernte. Mit dem Ende des mythischen Denkens war die Zeit der Tragödie abgelaufen. Sie war nicht mehr die passende Form für die Behandlung der die Menschen bewegenden Fragen. Die Prosa schob sich nun als Ausdruck des neuen, wissenschaftlichen Denkens in den Vordergrund und verdrängte die Tragödie so, wie die Lyrik das Epos aus seiner beherrschenden Stellung verdrängt hatte und ihrerseits vor der Tragödie hatte weichen müssen. So gesehen, ist es symptomatisch, wenn der junge Platon seine Tragödien vernichtete. Der Umgang mit Sokrates, in dessen Bann er unwiderstehlich geraten war, hatte ihm die Augen dafür geöffnet, dass die Tragödie jetzt ein bloßes Spiel mit tradierten Formen geworden war, dass sie zwar durch die Schönheit ihrer sprachlichen Mittel einen gewaltigen Zauber ausübte, dass sie aber keinen Anspruch auf Wahrheit erheben konnte.

Wenn aber Platon auch die Tragödiendichtung aufgab und sich der Philosophie verschrieb, so blieb er doch Künstler. Ja, die Tragödie wurde sogar bedeutsam für die Art seines literarischen Schaffens. Nach Ansicht einiger bedeutender Forscher ist die Form des Dialogs gänzlich Platons persönliche Schöpfung. Aber wenn auch, wie wahrscheinlich, schon ein Teil des Schrifttums der Sokratiker die Form des Dialogs hatte – angeregt durch das in der Wirklichkeit oft erlebte sokratische Verfahren des ἐλέγχειν – und vielleicht sogar Protagoras, von dem ein Buchtitel „Technik der Eristik“ überliefert ist, die Form des sogen. „sokratischen Gesprächs“ geschaffen hat, so ist doch Platon der Vollender dieser Kunstform geworden und der Einzige geblieben, dessen Schöpfungen die Jahrtausende überdauert haben.

Unter Platons Werken nimmt nun das Symposion, in dem der Dialog gegenüber den zusammenhängenden Reden der einzelnen Teilnehmer des „Gastmahls“ zurücktritt, einen besonderen Rang ein. Die Komposition des Ganzen, die äußerst kunstreiche Gestaltung des Rahmens, die Charakterisierung der einzelnen Personen, das Verhältnis der einzelnen Reden zueinander und die Sprache, die sich vom schlichten, aber dabei doch gewählten Erzählerton bis zu den höhsten Höhen gorgianischer Beredsamkeit, den Stil der einzelnen Redner parodierend, durch alle Bereiche prosaischen Redens bewegt, lehren, wie sorgfältig Platon gearbeitet hat, wie er gefeilt hat, um ein vollendetes Kunstwerk zu schaffen. In der Tat ist das Symposion das größte Kunstwerk unter den Platonischen Dialogen, eine der vollendetsten Prosaschriften der ganzen Antike und eines der größten Kunstwerke in der philosophischen Literatur überhaupt.

III. Das Thema des Symposions

Die höchst kunstvolle äußere Form des Symposions war für Platon nicht Selbstzweck. Sie ist nur das würdige Gefäß für den kostbaren Inhalt, den er hineingoss, seine Lehre vom Eros. Mit diesem Thema erweist er einmal dem Sokrates eine besondere Huldigung. Behauptet doch Sokrates bei ihm, er verstehe sich auf nichts anderes als auf die Kunst der Liebe (Smp. 177 D), und ähnlich erklärt er bei Xenophon in dessen Konkurrenzschrift zu unserem Werk, ebenfalls mit dem Titel Symposion (8,2), er könne keine Zeit nennen, da er nicht in jemanden verliebt gewesen sei. Der Eros ist ein Schlüssel zum Wesen des Sokrates; und so wundert es nicht, wenn der Schluss des Werkes ganz dem Sokrates gewidmet ist. Zum anderen aber führt der Eros unmittelbar in Platons eigene Philosophie hinein, in die Lehre von den Ideen. Denn der Eros ist es, der den „Liebenden“ vom einzelnen sinnlich Schönen hinaufführt von Stufe zu Stufe bis hin zur Idee des Schönen, das identisch ist mit dem Guten. Das Symposion ist so geradezu beispielhaft für das Verhältnis von Sokratischem und Platonischem in den Werken Platons.

Einerseits ist Platon der Persönlichkeit des Sokrates aufs tiefste verpflichtet, anderseits aber ist sein philosophisches Denken nicht auf der Stufe des sokratischen Philosophierens stehen geblieben. Über Sokrates hinaus, der sich auf der Suche nach Allgemeingültigem und Feststehendem gegenüber dem Subjektivismus der Sophisten mit der Begriffsbestimmung begnügt hatte, entwickelte er die Lehre von den Ideen als übersinnlichen, einheitlichen, ewigen und unveränderlichen Wesenheiten, und durch Teilhabe an genau diesen bekommen die Einzeldinge ihr besonderes Wesen.

Dass die Verbindung des Eros mit der Ideenlehre nicht einer augenblicklichen Laune Platons entsprungen ist, zeigt, wenn dies überhaupt nötig ist, die Tatsache, dass er im Phaidros noch einmal darauf zurückgekommen ist. Hier ist der Eros durch Verbindung mit der aus dem Menon bekannten Lehre vom präexistenziellen Wissen und der Wiedererinnerung sogar noch fester in seine Lehre eingebaut als im Symposion. Denn beim Anblick des irdischen Schönen in dieser Welt des Werdens und des Scheins erinnert sich die Seele des wahren und ewigen Schönen, das sie vor ihrer Geburt zusammen mit den übrigen Ideen im Raum außerhalb des Himmelsgewölbes gesehen hat, und es ist nicht verwunderlich, wenn sie nun außer sich gerät, da sie doch dem Abglanz des Göttlichen sichtbar begegnet. So bestätigt der Phaidros, dass die Lehre vom Eros ein fester Bestandteil des Platonischen Philosophierens war.

IV. Die Knabenliebe bei den Griechen

Der philosophische Eros Platons ist eine sehr vergeistigte Form des Eros, um den es im Symposion zunächst geht. Es ist dies der παιδικὸς ἔρως, die Knabenliebe. Um diese – nach unserem Empfinden widernatürliche Erscheinung – verstehen zu können, müssen wir die besonderen Verhältnisse bedenken, unter denen sie entstanden ist. Bei der geringen Schätzung der Frau, die im Allgemeinen auch an der Bildung keinen Anteil hatte – eine Ausnahme sind gewisse Hetären, die durchaus über eine literarische und philosophische Bildung verfügten –, suchte der Grieche bei ihr gewöhnlich nur gesetzmäßige Nachkommen und sinnliche Befriedigung. Für eine Veredlung des sinnlichen Triebes derart, dass durch ihn beide Partner zur ἀρετή gefördert würden, bot die Frauenliebe keinen Raum, galt doch sogar die Frau gemeinhin als unfähig zu wirklicher ἀρετή. Zu einer solchen Veredlung kam es dagegen in der Knabenliebe, wenn auch natürlich nicht immer und überall.

Die Knabenliebe wird ein Überbleibsel aus der Zeit der Wanderungen gewesen sein. Dort erklärt sie sich leicht aus dem ständigen Zusammenleben der Männer, die miteinander die Beschwerden und Gefahren des Krieges teilten. Kein Wunder, dass wir sie im 5. Jh. gerade bei dem Stamm, der zuletzt einwanderte, den Dorern, noch am weitesten verbreitet finden. Sie war hier geradezu eine gesetzlich und religiös anerkannte, allerdings auf die Oberschicht beschränkte Einrichtung. So galt es in Kreta und Sparta sogar als Schande für einen Knaben, keinen Liebhaber zu finden. Dieser schenkte dem Knaben neben einem Becher und anderen wertvollen Geschenken ein Kriegsgewand, und wie die Bezeichnung παραστασϑείς zeigt, standen die Knaben im Kampf neben ihren Liebhabern. Die sogen. Heilige Schar der Thebaner bestand nach einigen Quellen aus solchen Liebespaaren. Der Liebhaber verkehrte mit dem Knaben von dessen 12. Lebensjahr an. Er trug für seine Erziehung die Verantwortung und wurde für unritterliche Handlungen, die dieser begangen hatte, bestraft. Neben den männlichen Verwandten war er geradezu der Vormund des Jünglings, der bis zum 30. Lebensjahr zur Agora nicht zugelassen war. In einem solchen Liebesverhältnis soll Lykurg die beste Erziehung erblickt haben.

Durch die Dorer kam die Knabenliebe auch nach Athen. Dort ist sie für uns zum ersten Mal in der Dichtung Solons fassbar. Von ihm stammen auch die ersten gesetzlichen Verordnungen.

Sie verboten die Knabenliebe keineswegs, sondern suchten nur zu gewährleisten, dass sie ein Mittel der Erziehung der Bürger zur ἀρετή blieb und nicht ins rein Sinnliche absank. So wurden Sklaven von der Palaistra und der Knabenliebe, die also offenbar eng zusammengehörten(vgl. Smp. 217 B/C), ausgeschlossen. Wie verbreitet die Knabenliebe im 5. Jh. war, zeigen uns neben den Komödien des Aristophanes, die an zahlreichen Stellen auf solche Verhältnisse anspielen und ihre gewagtesten Scherze dieser Sphäre entnehmen, die Vasen schon von der Zeit des älteren schwarzfigurigen Stils an. Charakteristisch ist, dass Eros auf strengen rotfigurigen Vasen nur in Szenen erscheint, die den Umgang von Männern mit Epheben schildern. Das zeigt wie nichts anderes die beherrschende Stellung des παιδικὸς ἔρως im damaligen gesellschaftlichen Leben. Eben aus den Gefahren, die den Jugendlichen in der Öffentlichkeit drohten, erklärt sich auch die Sitte, den Knaben einen Paidagogos als Begleiter mitzugeben (vgl. Smp. 183 C).

Außer Solon haben auch die Dichter Ibykos aus Rhegion in Süditalien und Anakreon aus Teos die Knabenliebe gepriesen. Ein Verhältnis, das dem des dorischen Ritters zu seinem παραστας‍ϑείς gleicht, ohne jedoch das sinnliche Element der dorischen Knabenliebe erkennen zu lassen, zeigen die an Kyrnos gerichteten Elegien des Theognis von Megara, in denen der Dichter mit allerlei auf die ἀρετή bezogenen Ratschlägen und Lehren den Geliebten zu erziehen sucht. Der nicht von Theognis stammende Anhang dagegen verleugnet durchaus nicht die andere Seite der Knabenliebe. Dem nicht minder aristokratisch denkenden Pindar aus Theben, dem größten griechischen Chorlyriker, von dem noch vier Bücher Siegeslieder auf Sieger bei den vier großen panhellenischen Spielen erhalten sind, erschien der παιδικὸς ἔρως sittlich höherstehend als die Liebe zu Frauen. Seine Gedichte zeigen, wie männliche Jugendschönheit ihn bezaubert hat.

Im Zeitalter der griechischen Aufklärung nahm sich auch die Philosophie der Knabenliebe an. Ein Nachklang der sophistischen Debatten darüber mag der Erotikos des Redners – oder besser: Redenschreibers – Lysias gewesen sein, den Platon im Phaidros parodiert. Einen entscheidenden neuen Aspekt gewann der Knabenliebe aber wohl erst Sokrates ab. Auf ihn wird der Gedanke zurückgehen, die Knabenliebe in den Dienst der Philosophie zu stellen, so wie sie bei den Dorern im Dienste ritterlicher Standeserziehung gestanden hatte und dadurch veredelt worden war. Vertieft und in künstlerische Form gegossen hat diesen Gedanken aber erst Platon im Symposion. Schon hier, wie auch im Staate, hat Platon die sinnliche Seite der Knabenliebe ganz zurückgedrängt, sich aber noch nicht zu ihrer bedingungslosen Verwerfung entschließen können. Erst in den Gesetzen, seinem Alterswerk, verbietet er sie unbedingt.

V. Das Symposion als Rahmen der Diskussion über den Eros

Wenn Platon für seine Behandlung des Eros den Rahmen eines Symposions wählte, so kam das nicht von ungefähr. Das Thema des Werkes ist der Eros. Diesen deutet Platon als das Streben des Menschen nach dem Schönen und Guten. Er ist so Mittel zur ἀρετή. Zu eben dieser ἀρετή stand auch die Institution des Symposions in enger Beziehung.

Schon bei Homer besteht eine Verbindung zwischen Gelage und ἀρετή, wenn man auch bei ihm von einem eigentlichen Symposion noch nicht reden kann. Wenn ϑ 72 ff. Demodokos nach dem Mahle, während die Männer noch weiter beim Weine sitzen, die κλέα ἀνδρῶν singt, so dient dieser Vortrag nicht einfach der Kurzweil und der Unterhaltung, sondern will durch das Beispiel der Heldentaten der Vergangenheit zur ἀρετή anspornen und erziehen. Mag auch die einzelne Tat, die gerade berichtet wird, nicht unbedingt vorbildhaft sein, sie ist dennoch Teil der gesamten Persönlichkeit der Heroen, denen – aufs Ganze gesehen – niemand ihre Größe, d. h. ihre ἀρετή, absprechen wird, so verschiedenartig diese jeweils auch sein mag.

Ausdrücklich in den Mittelpunkt des Symposions gestellt wird die ἀρετή bei Xenophanes in seinem berühmten Gelagedicht fr. 1, 19 f. D.: „Den Mann lobe, der nach dem Trunke Edles (ἐσθλά) offenbart, dass er nämlich an die ἀρετή denkt und sich darum bemüht.“ Weil er im Symposion eine Stätte der Erziehung zur ἀρετή sieht, lehnt er auch στάσεις als Thema der Unterhaltung dabei ab, da in ihnen gar kein Nutzen liege, desgleichen die Kämpfe von Titanen, Giganten und Kentauren, die dazu noch bloße Erdichtungen früherer Zeiten seien.

Doch war das Symposion zugleich auch ein Ort, an dem man dem Eros in besonderer Weise huldigte. Das bezeugen uns die Skolien und die unter dem Namen des Theognis überlieferte Sammlung sowie die Dichtungen des Alkaios, Anakreon und Ibykos, ferner schließlich das Xenophontische Symposion. Theognis ist unter diesen besonders wichtig. Denn bei ihm finden wir ebenso wie im Platonischen Symposion die Erziehung zur ἀρετή mit dem παιδικὸς ἔρως vereint. Beide gehören für ihn unmittelbar zusammen. Von hier aus wird es ohne Weiteres verständlich, warum Platon für seine Umdeutung des Eros als des Wesens der Philosophie den Rahmen eines Symposions gewählt hat: Das archaische Symposion war eine Stätte der Erziehung zur ἀρετή,es war aber auch eine Stätte des Eros, insbesondere des παιδικὸς ἔρως, und ihrerseits hingen wiederum dieser παιδικὸς ἔρως und die Erziehung zur ἀρετή zusammen. Das Ganze ist also ein Komplex, der sich sehr schön mit der Figur eines Dreiecks veranschaulichen läßt: Von jedem der drei Begriffe ἀρετή, παιδικὸς ἔρως und Symposion führen Linien zu den beiden anderen. Damit bot sich für Platon der äußere Rahmen des Symposions für seine Behandlung des Eros als des Wesens der Philosophie von selbst an. Er stellt die dem Inhalt gemäße Szene für die Diskussion dieses Themas.

Zugleich aber dürfen wir, da der παιδικὸς ἔρως und die Institution des Symposions sich in der Zuordnung zur ἀρετή treffen, umgekehrt von vornherein erwarten, daß die Diskussion über den παιδικὸς ἔρως, wenn sie im Rahmen eines Symposions erfolgt, sich auf die ἀρετή zu bewegen wird. Das heißt, es kann in diesem hier zur Diskussion stehenden παιδικὸς ἔρως nicht einfach um die primitive Erfüllung sinnlicher Begierde gehen, vielmehr weist er über sich hinaus auf einen höheren Wert, in dessen Dienst er steht, eben auf die ἀρετή. Die künstlerische Form der Darstellung enthält so in sich schon eine Aussage über ihren Inhalt.

Aber nicht nur die ἀρετή, die ethische Konsequenz des letztlich auf das Gute gerichteten Denkens zumindest der antiken Philosophen seit der Zeit des Sokrates, steht in enger Beziehung zu der Institution des Symposions und zum παιδικὸς ἔρως; diese Beziehung besitzt auch Platons Schule, die Platonische Akademie. Denn wie eine Reihe von anderen griechischen Gymnasien so hatte auch das sechs Stadien vor dem Dipylontor im Nordwesten der Stadt am Kephisos gelegene Akademiegymnasium, in dem Platon seine Lehrvorträge hielt und in dessen Nähe er einen Garten kaufte, ein Bild des Eros mit einem dem Gotte geweihten Altar – hier laut Inschrift die Stiftung eines Charmos aus der Zeit der Peisistratiden –, die beide vor dem Eingang des Gymnasions standen, und einen Eroskult. Wenn Platon trotz dieser im Orte liegenden Beziehung zum Eros seine Gründung unter den Schutz der Musen stellte, so tat er es wohl deshalb, weil er da unter dem Einfluss einer alten, offenbar sehr mächtigen Tradition stand. Dennoch wird man auch für die von ihm gegründete Schule, in der man gemeinsam nach Erkenntnis strebte und in der die Lehre mit der Forschungsmethode zusammenfiel, zumal bei dem besonderen Aspekt des durchweg erotisch gefärbten griechischen Lehrer-Schüler-Verhältnisses, die Rolle des Eros als ein alle verbindendes Band nicht leicht überschätzen.

Lagen also die Beziehungen zum Eros schon in dem Ort, den Platon für seine Schule wählte, und waren mit ihm mitgegeben, so ergaben sich die Beziehungen zum Symposion aus der Gründung Platons selbst. Rechtlich bildete seine Schule einen θίασος, eine religiöse Vereinigung, die dem Kult der Musen geweiht war. Sitz dieses Kultes, der sich in Opferfeiern und Gelagen manifestierte, war ein den Musen geweihtes Heiligtum im Schatten des dem Heros Akademos geweihten heiligen Haines, in dessen Nähe in einem Gymnasion Platon auch lehrte. Das Tun und Treiben dort erschöpfte sich indessen nicht im strengen

Schulbetrieb. Dazu gehörten auch die intimeren und gelösteren Gespräche bei den Symposien. Denn im Gegensatz zu dem Begriff, den wir im Allgemeinen von einer Schule haben, schloss das Leben in der Platonischen Akademie eine gewisse Lebensgemeinschaft zwischen Lehrer und Schüler in sich. Das Band, das die gemeinsame Arbeit um alle legte, wurde geschlossen durch die festlichen Gelage, zu denen man zusammenkam, um entsprechend dem kultischen Charakter der Schulgemeinschaft die Gottheit zu ehren, und in denen die als Ausgleich der angestrengten Arbeit nötige Erholung sich mit einem Bildungsanliegen vereinigte. Gerade hierin sah Platon ein sehr wirksames Mittel zur Förderung der geistigen und sittlichen Bildung und Erziehung der Jugend. Die Begründung hierfür hat er im Alter in seinen Gesetzen geliefert, in denen ein großer Teil des ersten Buches diesem Problem gewidmet ist. Speziell als Mittel der Erziehung zur σωφροσύνη werden hier die Symposien mit allem Nachdruck empfohlen.

Uns mag das seltsam erscheinen, und in der Tat ist die Gefahr der Verfehlung dieses Zieles und des Abgleitens in Luxus und Schwelgerei dabei sehr groß, wie das Beispiel des Peripatetikers Lykon lehrt. Dieselbe Verwunderung ergreift uns gegenüber dem Eros; auch den ihm von Platon zugewiesenen hohen Rang vermögen wir nicht leicht zu begreifen – aber nicht nur wir. Auch den Zeitgenossen Platons erschien der Wert des Weingenusses bei den Symposien und der Wert der Knabenliebe nicht über jeden Zweifel erhaben. So kannten die Spartaner, deren gemeinsame Männermahle, Syssitien genannt, Platon uneingeschränkt gelobt hatte, keine Symposien, da sie jegliches Weintrinken ablehnten, und in der Zeit der Sophisten begegnete die Knabenliebe, wie im Symposion vor allem die Rede des Sophistenschülers Pausanias zeigt, gerade in Athen wachsender Kritik. Wenn Platon im Gegensatz dazu beide als versittlichende Kräfte anerkannte, dann geschah das natürlich nicht uneingeschränkt. Schon Theognis sagt (509 f.): „Wenn Wein in Menge getrunken wird, so ist er etwas Schlechtes; wenn aber einer ihn mit Verstand trinkt, so ist er nicht etwas Schlechtes, sondern etwas Gutes." Und vorher 483 ff. ermahnt er den Simonides: „Da du dies weißt, so trinke keinen Wein im Übermaß, sondern stehe entweder auf, bevor du betrunken bist, damit dich nicht dein Magen überwältigt, wie einen elenden Tagelöhner, oder bleibe zwar dabeisitzen, trinke aber nicht mehr!" Xenophanes 1, 17 f. betont in ähnlichem Sinne: „Es ist kein Frevel, so viel zu trinken, dass man damit noch nach Hause kommen kann ohne Diener, es sei denn, man wäre schon sehr alt."

Es gehört zum Symposion und zum Weingenuss ganz allgemein also das Maß, das Maßhalten, die σωφροσύνη. Die gleiche Forderung der σωφροσύνη gilt offenbar auch für den Eros. In diesem Sinne gab Platon beiden, dem Symposion mit seinem Weingenuss und dem Eros, ihren Platz in seiner Schule und seiner Lehre. Die irrationalen Kräfte, die von Eros und Dionysos ausgehen, sind ihm nicht ohne weiteres schlecht, sie geben vielmehr, nutzt man sie nur in der rechten Weise, den nötigen Schwung, damit der Mensch sein höchstes Ziel erreicht, die Schau der Idee und die ἀρετή. Wie man nun ein Symposion richtig feiert, und zugleich, wie man sich in der rechten Weise dem Eros hingibt, das will Platon seinen Schülern und einer breiteren, philosophisch interessierten Öffentlichkeit in diesem Werk lebendig vor Augen stellen, das eine in der äußeren Durchführung des geschilderten Symposions, das andere in der fortschreitenden theoretischen Erörterung des Eros bis hin zur völligen Vergeistigung des „Begriffes" in der Diotimarede des Sokrates, schließlich aber am lebendigen Beispiel des ἀνὴρ σωφρονέστατος Sokrates, dem die stärkste Versuchung zu sinnlichen Liebesgenuss nichts anhaben kann, weil er – eine gewiss beabsichtigte Parallele – auch durch noch so viel Wein nicht seine Nüchternheit verliert.

VI. Die literarische Nachwirkung des Platonischen Symposions

Platons Symposion war der Anfang und zugleich der Höhepunkt einer besonderen Gattung der antiken Prosaliteratur. Das gilt auch, wenn zur Zeit Platons, wie es wahrscheinlich ist, tatsächlich schon eine frühe, volkstümliche Darstellung eines Gastmahls der Sieben Weisen vorlag, von der die Bearbeitung durch Plutarch von Chaironeia (s. u.) ein später Niederschlag ist. Doch zeigt Platon nicht die Spur einer Kenntnis dieser Novelle und bedurfte ihrer für sein Symposion auch kaum. Einmal geschaffen, fand aber diese Form einer Reihe von Reden beim Symposion eine eifrige Nachfolge. Die folgende Übersicht soll nur die wichtigsten Symposien auf den Spuren Platons vorführen.

Der erste Nachahmer war gleich Xenophon in seinem schon erwähnten Symposion, seiner liebenswürdigsten Schrift. Das von Xenophon geschilderte Symposion entsprach sicher weit mehr der Realität eines attischen Gastmahls als das Platonische. Ein Possenreißer, Flöten- und Kitharaspiel und Gesang sowie tänzerische Vorführungen, wie Purzelbäume einer schönen Sklavin über Schwerter, und ein Mimus, der die Vereinigung des Dionysos mit der Ariadne darstellt, beanspruchen neben dem Gespräch einen breiten Raum. Gastgeber ist der reiche Kallias, der den Sieg seines Lieblings Autolykos im Pankration, den dieser an den Panathenäen errungen hat, feiern will. Auch hier kommt es zu einem Reihumreden: Jeder der Gäste soll sagen, worauf er am meisten stolz ist. Schließlich hält Sokrates eine Rede über den sinnlichen und den geistigen Eros, die in manchem an die Rede des Pausanias und des Phaidros aus dem Platonischen Symposion anklingt. Überhaupt weisen die beiden Symposien Platons und Xenophons eine Reihe von Berührungen auf, die einen heftigen Streit über die Frage der Priorität verursacht haben.

Von Aristoteles wird ein Symposion im Katalog seiner Schriften genannt, aber wir wissen nicht einmal, ob es erotischen Inhalt hatte. In ähnlicher Weise wissen wir von Epikur zwar, dass er ein Symposion geschrieben hat – es hatte keinen einheitlichen Gesprächsstoff und zeichnete sich durch Verachtung der guten

Sitten aus –, das Werk selbst aber ist verloren gegangen. Der Arzt Herakleides von Tarent aus dem ersten vorchristlichen Jahrhundert schrieb ein ärztliches Symposion, in dem er Fragen der Diät erörterte.

In die römische Literatur hat Maecenas, der mächtige Vertraute des Augustus und Förderer der Dichtung, das Symposion eingeführt. Er vereinigte Horaz, Vergil, den Messalla und vielleicht noch einige andere zu einem Tischgelage. Auch dieses Werk ist verloren gegangen. Ein Fragment preist die Vorzüge des Weines, aber das besagt für das ganze Werk wenig.

In Plutarchs Gastmahl der Sieben Weisen sitzen insgesamt vierzehn Personen zu einem Symposion zusammen, unter ihnen außer den Sieben Weisen der Fabeldichter Aisopos. Das kleine Werk lebt von vielen kleinen Erzählungen und den Worten der Sieben Weisen. Dass Plutarch im Symposion die geeignete Form sah, um die Fülle seines angelesenen Wissens auszubreiten, zeigt ein zweites sympotisches Werk mit dem Titel Συμποσιακὰ προβλήματα. Hier erzählt Plutarch in neun Büchern von mehreren Gastmählern, auf denen im Ganzen über mehr als hundert verschiedene Probleme geredet wird.

Der Spötter Lukian von Samosata in Syrien bediente sich der Form des Symposions, um den hohlen Dünkel der Philosophen seiner Zeit zu geißeln. Nachdem sich die als Gäste einer Hochzeitsfeier geladenen Vertreter der verschiedenen Philosophenschulen höchst ungehörig benommen haben, geraten sie zum Schluss wegen der nach Hause mitzunehmenden Überbleibsel vom Mahl sogar aneinander, und die Feier endet mit einer blutigen Prügelei.

Ein Lexikon in Form von Tischgesprächen hat man die Δειπνοσοφισταί (Die Dinergelehrten) des zu Anfang des 3. Jh. n. Chr. lebenden Athenaios aus Naukratis in Ägypten genannt. In 15 Büchern schildert Athenaios ein Gastmahl, zu dem 29 Gäste geladen sind und das sich über mehrere Tage erstreckt. Das Werk ist überreich an Zitaten. Etwa 800 Schriftsteller kommen in ihm zu Wort. Da die meisten der Texte, aus denen Athenaios seine oft aus Lexika entnommenen Zitate schöpft, nicht mehr erhalten sind, ist sein Werk von unschätzbarem Wert, in sich ist es jedoch nicht gerade ein Meisterwerk der Weltliteratur.

Der Bischof von Olympos in Lykien, Methodios, wollte mit seinem weinlosen Symposion der zehn Jungfrauen, die nacheinander eine Lobrede auf die Keuschheit halten, das Platonische Symposion, das er in der Anlage und in vielen Einzelheiten nachahmt, durch ein christliches Gegenstück ersetzen. Dionysos und Eros haben hier nichts mehr zu suchen. Das Symposion ist bloßer Rahmen geworden ohne jede Beziehung zum Inhalt der Reden, ja, es steht gleichsam in direktem Widerspruch dazu.

Dagegen zeigt der Kaiser Julian Apostata in seiner Satire Συμπόσιον ἢ Κρόνια, in der er eine Reihe römischer Kaiser und Alexander den Großen zu einem von Quirinus Romulus veranstalteten olympischen Symposion an den Saturnalien zusammenkommen lässt, christenfeindliche Tendenz. Wie jeder der Kaiser sich einen Schutzgott wählen soll, entscheidet sich Konstantin für die Τρυφή (Weichlichkeit, Üppigkeit, Schwelgerei). Den ersten Preis erkennen die Götter dem Philosophen und Christenfeind Mark Aurel zu, neben Alexander Julians Herrscherideal.

Wie Athenaios, den er nachgebildet hat, benutzt schließlich auch Macrobius um die Wende des 4. zum 5. Jh. in seinen sechs Bücher umfassenden Saturnalia, die die Unterhaltungen an den drei Tagen des Saturnalienfestes wiedergeben, den Rahmen eines Symposions, um allerlei aus Büchern entnommene gelehrte Notizen über römische Altertümer und Vergil betreffende philologisch-literarische Fragen zur Belehrung seines Sohnes auszubreiten. Auch dieses Werk ist weniger um seiner selbst willen wertvoll als wegen der Kenntnis der gelehrten Werke, die es vermittelt.

Aber die Nachwirkung des Platonischen Symposions ist nicht auf die Antike beschränkt. So stehen etwa Giordano Brunos Cena delle ceneri (Aschermittwochsmahl), fünf Dialoge über naturwissenschaftliche Fragen, und Voltaires Dîner du comte de Boulainvilliers, eine theologische Streitschrift über Judentum und Christentum und voll von kirchenfeindlichem Spott, sowie die Weihnachtsfeier des Platonübersetzers Schleiermacher deutlich in Platons Nachfolge. Vielleicht darf man aber auch Boccaccios Decamerone und ähnliche Novellenkränze, die zwar nicht mehr an ein Gastmahl gebunden sind, bei denen aber doch reihum jeder einmal das Wort erhält, hierher zählen.

Von den Werken, die zwar nicht in formaler Hinsicht vom Platonischen Symposion abhängen, aber aus seinem Geist heraus geschaffen sind, seien wenigstens Hölderlins Hyperion, in dem Diotima ihre Auferstehung feiert, sowie aus neuerer Zeit Thomas Manns Novelle Der Tod in Venedig genannt.

ΣΥΜΠΟΣΙΟΝ

ΤΑ ΤΟΥ ΔΙΑΛΟΓΟΥ ΠΡΟΣΩΠΑ
ΑΠΟΛΛΟΔΩΡΟΣ, ΕΤΑΙΡΟΙ
(ΑΡΙΣΤΟΔΗΜΟΣ, ΣΩΚΡΑΤΗΣ, ΑΓΑΘΩΝ,
ΦΑΙΔΡΟΣ, ΠΑΥΣΑΝΙΑΣ, ΕΡΥΞΙΜΑΧΟΣ,
ΑΡΙΣΤΟΦΑΝΗΣ, ΑΛΚΙΒΙΑΔΗΣ)

A. Die Rahmenerzählung St. III

I. ΑΠΟΛ. Δοκῶ μοι, περὶ ὧν πυνθάνεσθε, οὐκ ἀμελέτητος p. 172
εἶναι. καὶ γὰρ ἐτύγχανον πρῴην εἰς ἄστυ οἴκοθεν ἀνιὼν
Φαληρόθεν· τῶν οὖν γνωρίμων τις ὄπισθεν κατιδών με
πόρρωθεν ἐκάλεσε, καὶ παίζων ἅμα τῇ κλήσει· Ὦ Φαληρεύς,
ἔφη, οὗτος Ἀπολλόδωρος, οὐ περιμενεῖς; κἀγὼ ἐπιστὰς
περιέμεινα· καὶ ὅς· Ἀπολλόδωρε, ἔφη, καὶ μὴν καὶ ἔναγχός
σε ἐζήτουν βουλόμενος διαπυθέσθαι τὴν Ἀγάθωνος συνου-
σίαν καὶ Σωκράτους καὶ Ἀλκιβιάδου καὶ τῶν ἄλλων τῶν B
τότε ἐν τῷ συνδείπνῳ παραγενομένων, περὶ τῶν ἐρωτικῶν
λόγων, τίνες ἦσαν. ἄλλος γάρ τίς μοι διηγεῖτο ἀκηκοὼς
Φοίνικος τοῦ Φιλίππου, ἔφη δὲ καὶ σὲ εἰδέναι. ἀλλὰ γὰρ οὐδὲν
εἶχε σαφὲς λέγειν· σὺ οὖν μοι διήγησαι· δικαιότατος γὰρ εἶ
τοὺς τοῦ ἑταίρου λόγους ἀπαγγέλλειν. πρότερον δέ μοι, ἦ δ᾽
ὅς, εἰπέ, σὺ αὐτὸς παρεγένου τῇ συνουσίᾳ ταύτῃ ἢ οὔ;

Κἀγὼ εἶπον, ὅτι Παντάπασιν ἔοικέ σοι οὐδὲν διηγεῖσθαι
σαφὲς ὁ διηγούμενος, εἰ νεωστὶ ἡγῇ τὴν συνουσίαν γεγονέναι C
ταύτην, ἣν ἐρωτᾷς, ὥστε καὶ ἐμὲ παραγενέσθαι. Ἔγωγε δή,

ἔφη. Πόθεν, ἦν δ᾽ ἐγώ, ὦ Γλαύκων; οὐκ οἶσθ᾽, ὅτι πολλῶν
ἐτῶν Ἀγάθων ἐνθάδε οὐκ ἐπιδεδήμηκεν; ἀφ᾽ οὗ δ᾽ ἐγὼ
Σωκράτει συνδιατρίβω καὶ ἐπιμελὲς πεποίημαι ἑκάστης
ἡμέρας εἰδέναι, ὅ τι ἂν λέγῃ ἢ πράττῃ, οὐδέπω τρία ἔτη
173 ἐστίν· πρὸ τοῦ δὲ περιτρέχων, ὅπῃ τύχοιμι, καὶ οἰόμενός τὶ
ποιεῖν ἀθλιώτερος ἦ ὁτουοῦν, οὐχ ἧττον ἢ σὺ νυνί, οἰόμενος
δεῖν πάντα μᾶλλον πράττειν ἢ φιλοσοφεῖν.

Καὶ ὅς· Μὴ σκῶπτ᾽, ἔφη, ἀλλ᾽ εἰπέ μοι, πότε ἐγένετο ἡ
συνουσία αὕτη. κἀγὼ εἶπον, ὅτι Παίδων ὄντων ἡμῶν ἔτι,
ὅτε τῇ πρώτῃ τραγῳδίᾳ ἐνίκησεν Ἀγάθων, τῇ ὑστεραίᾳ, ᾗ ᾗ
τὰ ἐπινίκια ἔθυεν αὐτός τε καὶ οἱ χορευταί. Πάνυ, ἔφη, ἄρα
πάλαι, ὡς ἔοικεν. ἀλλὰ τίς σοι διηγεῖτο; ἢ αὐτὸς Σωκράτης;
B Οὐ μὰ τὸν Δία, ἦν δ᾽ ἐγώ, ἀλλ᾽ ὅσπερ Φοίνικι· Ἀριστόδημος
ἦν τις, Κυδαθηναιεύς, σμικρός, ἀνυπόδητος ἀεί· παρεγεγόνει
δ᾽ ἐν τῇ συνουσίᾳ, Σωκράτους ἐραστὴς ὢν ἐν τοῖς μάλιστα
τῶν τότε, ὡς ἐμοὶ δοκεῖ. οὐ μέντοι ἀλλὰ καὶ Σωκράτη γε
ἔνια ἤδη ἀνηρόμην, ὧν ἐκείνου ἤκουσα, καί μοι ὡμολόγει,
καθάπερ ἐκεῖνος διηγεῖτο.

Τί οὖν, ἔφη, οὐ διηγήσω μοι; πάντως δὲ ἡ ὁδὸς ἡ εἰς
ἄστυ ἐπιτηδεία πορευομένοις καὶ λέγειν καὶ ἀκούειν. οὕτω
δὴ ἰόντες ἅμα τοὺς λόγους περὶ αὐτῶν ἐποιούμεθα, ὥστε,
C ὅπερ ἀρχόμενος εἶπον, οὐκ ἀμελετήτως ἔχω. εἰ οὖν δεῖ καὶ
ὑμῖν διηγήσασθαι, ταῦτα χρὴ ποιεῖν. καὶ γὰρ ἔγωγε καὶ
ἄλλως, ὅταν μέν τινας περὶ φιλοσοφίας λόγους ἢ αὐτὸς
ποιῶμαι ἢ ἄλλων ἀκούω, χωρὶς τοῦ οἴεσθαι ὠφελεῖσθαι
ὑπερφυῶς ὡς χαίρω, ὅταν δὲ ἄλλους τινάς, ἄλλως τε καὶ
τοὺς ὑμετέρους τοὺς τῶν πλουσίων καὶ χρηματιστικῶν, αὐτός
τε ἄχθομαι ὑμᾶς τε τοὺς ἑταίρους ἐλεῶ, ὅτι οἴεσθέ τὶ ποιεῖν
D οὐδὲν ποιοῦντες. καὶ ἴσως αὖ ὑμεῖς ἐμὲ ἡγεῖσθε κακοδαίμονα
εἶναι, καὶ οἴομαι ὑμᾶς ἀληθῆ οἴεσθαι· ἐγὼ μέντοι ὑμᾶς οὐκ
οἴομαι, ἀλλ᾽ εὖ οἶδα.

ΕΤΑΙ. Ἀεὶ ὅμοιος εἶ, ὦ Ἀπολλόδωρε· ἀεὶ γὰρ σαυτόν τε
κακηγορεῖς καὶ τοὺς ἄλλους, καὶ δοκεῖς μοι ἀτεχνῶς πάντας
ἀθλίους ἡγεῖσθαι πλὴν Σωκράτους, ἀπὸ σαυτοῦ ἀρξάμενος.
καὶ ὁπόθεν ποτὲ ταύτην τὴν ἐπωνυμίαν ἔλαβες, τὸ μαλακὸς
καλεῖσθαι, οὐκ οἶδα ἔγωγε· ἐν μὲν γὰρ τοῖς λόγοις ἀεὶ
τοιοῦτος εἶ, σαυτῷ τε καὶ τοῖς ἄλλοις ἀγριαίνεις πλὴν
Σωκράτους.

ΑΠΟΛ. Ὦ φίλτατε, καὶ δῆλόν γε δή, ὅτι οὕτω δια- E
νοούμενος καὶ περὶ ἐμαυτοῦ καὶ περὶ ὑμῶν μαίνομαι καὶ
παραπαίω;

ΕΤΑΙ. Οὐκ ἄξιον περὶ τούτων, Ἀπολλόδωρε, νῦν ἐρίζειν·
ἀλλ', ὅπερ ἐδεόμεθά σου, μὴ ἄλλως ποιήσῃς, ἀλλὰ διήγησαι,
τίνες ἦσαν οἱ λόγοι.

ΑΠΟΛ. Ἦσαν τοίνυν ἐκεῖνοι τοιοίδε τινές — μᾶλλον δ'
ἐξ ἀρχῆς ὑμῖν, ὡς ἐκεῖνος διηγεῖτο, καὶ ἐγὼ πειράσομαι 174
διηγήσασθαι.

B. Das Gastmahl

I. Die einleitende Erzählung

II. Ἔφη γάρ οἱ Σωκράτη ἐντυχεῖν λελουμένον τε καὶ τὰς
βλαύτας ὑποδεδεμένον, ἃ ἐκεῖνος ὀλιγάκις ἐποίει· καὶ ἐρέσθαι
αὐτόν, ὅποι ἴοι οὕτω καλὸς γεγενημένος. καὶ τὸν εἰπεῖν, ὅτι
Ἐπὶ δεῖπνον εἰς Ἀγάθωνος. χθὲς γὰρ αὐτὸν διέφυγον τοῖς
ἐπινικίοις, φοβηθεὶς τὸν ὄχλον· ὡμολόγησα δ' εἰς τήμερον
παρέσεσθαι. ταῦτα δὴ ἐκαλλωπισάμην, ἵνα καλὸς παρὰ καλὸν
ἴω. | ἀλλὰ σύ, ἦ δ' ὅς, πῶς ἔχεις πρὸς τὸ ἐθέλειν ἂν ἰέναι B
ἄκλητος ἐπὶ δεῖπνον; κἀγώ, ἔφη, εἶπον, ὅτι Οὕτως, ὅπως ἂν
σὺ κελεύῃς. Ἕπου τοίνυν, ἔφη, ἵνα καὶ τὴν παροιμίαν διαφθεί-
ρωμεν μεταβαλόντες, ὡς ἄρα καὶ Ἀγάθων' ἐπὶ δαῖτας ἴασιν
αὐτόματοι ἀγαθοί. Ὅμηρος μὲν γὰρ κινδυνεύει οὐ μόνον

διαφθεῖραι, ἀλλὰ καὶ ὑβρίσαι εἰς ταύτην τὴν παροιμίαν· ποιήσας γὰρ τὸν Ἀγαμέμνονα διαφερόντως ἀγαθὸν ἄνδρα
C τὰ πολεμικά, τὸν δὲ Μενέλεων μαλθακὸν αἰχμητήν, θυσίαν ποιουμένου καὶ ἑστιῶντος τοῦ Ἀγαμέμνονος ἄκλητον ἐποίησεν ἐλθόντα τὸν Μενέλεων ἐπὶ τὴν θοίνην, χείρω ὄντα ἐπὶ τὴν τοῦ ἀμείνονος. ταῦτ᾽ ἀκούσας εἰπεῖν ἔφη· Ἴσως μέντοι κινδυνεύσω καὶ ἐγώ, οὐχ ὡς σὺ λέγεις, ὦ Σώκρατες, ἀλλὰ καθ᾽ Ὅμηρον φαῦλος ὢν ἐπὶ σοφοῦ ἀνδρὸς ἰέναι θοίνην ἄκλητος. ὅρα οὖν, ἄγων με τί ἀπολογήσῃ· ὡς ἐγὼ μὲν οὐχ ὁμολογήσω ἄκλητος
D ἥκειν, ἀλλ᾽ ὑπὸ σοῦ κεκλημένος. Σύν τε δύ᾽, ἔφη, ἐρχομένω πρὸ ὁδοῦ βουλευσόμεθα, ὅ τι ἐροῦμεν. ἀλλ᾽ ἴωμεν.

Τοιαῦτ᾽ ἄττα σφᾶς ἔφη διαλεχθέντας ἰέναι. τὸν οὖν Σωκράτη ἑαυτῷ πως προσέχοντα τὸν νοῦν κατὰ τὴν ὁδὸν πορεύεσθαι ὑπολειπόμενον, καὶ περιμένοντος οὗ κελεύειν προϊέναι εἰς τὸ πρόσθεν. ἐπειδὴ δὲ γενέσθαι ἐπὶ τῇ οἰκίᾳ τῇ
E Ἀγάθωνος, ἀνεῳγμένην καταλαμβάνειν τὴν θύραν, καί τι ἔφη αὐτόθι γελοῖον παθεῖν. οἷ μὲν γὰρ εὐθὺς παῖδά τινα ἔνδοθεν ἀπαντήσαντα ἄγειν, οὗ κατέκειντο οἱ ἄλλοι, καὶ καταλαμβάνειν ἤδη μέλλοντας δειπνεῖν· εὐθὺς δ᾽ οὖν, ὡς ἰδεῖν, τὸν Ἀγάθωνα· Ὦ, φάναι, Ἀριστόδημε, εἰς καλὸν ἥκεις, ὅπως συνδειπνήσῃς· εἰ δ᾽ ἄλλου τινὸς ἕνεκα ἦλθες, εἰς αὖθις ἀναβαλοῦ, ὡς καὶ χθὲς ζητῶν σε, ἵνα καλέσαιμι, οὐχ οἷός τ᾽ ἦ ἰδεῖν. ἀλλὰ Σωκράτη ἡμῖν πῶς οὐκ ἄγεις; καὶ ἐγώ, ἔφη, μεταστρεφόμενος οὐδαμοῦ ὁρῶ Σωκράτη ἑπόμενον· εἶπον οὖν, ὅτι καὶ αὐτὸς μετὰ Σωκράτους ἥκοιμι, κληθεὶς ὑπ᾽ ἐκείνου δεῦρ᾽ ἐπὶ δεῖπνον. Καλῶς, ἔφη, ποιῶν σύ· ἀλλὰ ποῦ
175 ἔστιν οὗτος; Ὄπισθεν ἐμοῦ ἄρτι εἰσῄει· ἀλλὰ θαυμάζω καὶ αὐτός, ποῦ ἂν εἴη. Οὐ σκέψῃ, ἔφη, παῖ, φάναι τὸν Ἀγάθωνα, καὶ εἰσάξεις Σωκράτη; σὺ δ᾽, ἦ δ᾽ ὅς, Ἀριστόδημε, παρ᾽ Ἐρυξίμαχον κατακλίνου.

III. Καὶ ἓ μὲν ἔφη ἀπονίζειν τὸν παῖδα, ἵνα κατακέοιτο·
ἄλλον δέ τινα τῶν παίδων ἥκειν ἀγγέλλοντα, ὅτι Σωκράτης
οὗτος ἀναχωρήσας ἐν τῷ τῶν γειτόνων προθύρῳ ἕστηκεν
κἀμοῦ καλοῦντος οὐκ ἐθέλει εἰσιέναι. Ἄτοπόν γ', ἔφη, λέγεις·
οὔκουν καλεῖς αὐτὸν καὶ μὴ ἀφήσεις; καὶ ὃς ἔφη εἰπεῖν· B
Μηδαμῶς, ἀλλ' ἐᾶτε αὐτόν. ἔθος γάρ τι τοῦτ' ἔχει· ἐνίοτε
ἀποστὰς, ὅποι ἂν τύχῃ, ἕστηκεν. ἥξει δ' αὐτίκα, ὡς ἐγὼ οἶμαι.
μὴ οὖν κινεῖτε, ἀλλ' ἐᾶτε. Ἀλλ' οὕτω χρὴ ποιεῖν, εἰ σοὶ δοκεῖ,
φάναι τὸν Ἀγάθωνα. ἀλλ' ἡμᾶς, ὦ παῖδες, τοὺς ἄλλους
ἑστιᾶτε. πάντως παρατίθετε, ὅ τι ἂν βούλησθε, ἐπειδάν τις
ὑμῖν μὴ ἐφεστήκῃ· ὃ ἐγὼ οὐδεπώποτε ἐποίησα· νῦν οὖν,
νομίζοντες καὶ ἐμὲ ὑφ' ὑμῶν κεκλῆσθαι ἐπὶ δεῖπνον καὶ
τούσδε τοὺς ἄλλους, θεραπεύετε, ἵνα ὑμᾶς ἐπαινῶμεν. C

Μετὰ ταῦτα ἔφη σφᾶς μὲν δειπνεῖν, τὸν δὲ Σωκράτη οὐκ
εἰσιέναι. τὸν οὖν Ἀγάθωνα πολλάκις κελεύειν μεταπέμψασθαι
τὸν Σωκράτη, ἓ δὲ οὐκ ἐᾶν. ἥκειν οὖν αὐτὸν οὐ πολὺν χρόνον,
ὡς εἰώθει, διατρίψαντα, ἀλλὰ μάλιστα σφᾶς μεσοῦν δει-
πνοῦντας. τὸν οὖν Ἀγάθωνα — τυγχάνειν γὰρ ἔσχατον
κατακείμενον μόνον —· Δεῦρ', ἔφη φάναι, Σώκρατες, παρ'
ἐμὲ κατάκεισο, ἵνα καὶ τοῦ σοφοῦ ἁπτόμενός σου ἀπολαύσω, D
ὅ σοι προσέστη ἐν τοῖς προθύροις. δῆλον γάρ, ὅτι ηὗρες αὐτὸ
καὶ ἔχεις· οὐ γὰρ ἂν προαπέστης. καὶ τὸν Σωκράτη καθίζεσθαι
καὶ εἰπεῖν, ὅτι Εὖ ἂν ἔχοι, φάναι, ὦ Ἀγάθων, εἰ τοιοῦτον
εἴη ἡ σοφία, ὥστ' ἐκ τοῦ πληρεστέρου εἰς τὸν κενώτερον
ῥεῖν ἡμῶν, ἐὰν ἁπτώμεθα ἀλλήλων, ὥσπερ τὸ ἐν ταῖς κύλιξιν
ὕδωρ τὸ διὰ τοῦ ἐρίου ῥέον ἐκ τῆς πληρεστέρας εἰς τὴν
κενωτέραν. εἰ γὰρ οὕτως ἔχει καὶ ἡ σοφία, πολλοῦ τιμῶμαι E
τὴν παρὰ σοὶ κατάκλισιν· οἶμαι γάρ με παρὰ σοῦ πολλῆς καὶ
καλῆς σοφίας πληρωθήσεσθαι. ἡ μὲν γὰρ ἐμὴ φαύλη τις ἂν
εἴη ἢ καὶ ἀμφισβητήσιμος, ὥσπερ ὄναρ οὖσα, ἡ δὲ σὴ λαμπρά
τε καὶ πολλὴν ἐπίδοσιν ἔχουσα, ἥ γε παρὰ σοῦ νέου ὄντος

οὕτω σφόδρα ἐξέλαμψε καὶ ἐκφανὴς ἐγένετο πρῴην ἐν
μάρτυσι τῶν Ἑλλήνων πλέον ἢ τρισμυρίοις. Ὑβριστὴς εἶ,
ἔφη, ὦ Σώκρατες, ὁ Ἀγάθων. καὶ ταῦτα μὲν καὶ ὀλίγον
ὕστερον διαδικασόμεθα ἐγώ τε καὶ σύ, περὶ τῆς σοφίας,
δικαστῇ χρώμενοι τῷ Διονύσῳ· νῦν δὲ πρὸς τὸ δεῖπνον
πρῶτα τρέπου.

176 IV. Μετὰ ταῦτα, ἔφη, κατακλινέντος τοῦ Σωκράτους καὶ
δειπνήσαντος καὶ τῶν ἄλλων, σπονδάς τε σφᾶς ποιήσασθαι,
καὶ ᾄσαντας τὸν θεὸν καὶ τἆλλα τὰ νομιζόμενα τρέπεσθαι
πρὸς τὸν πότον· τὸν οὖν Παυσανίαν ἔφη λόγου τοιούτου
τινὸς κατάρχειν· Εἶεν, ἄνδρες, φάναι, τίνα τρόπον ῥᾷστα
πιόμεθα; ἐγὼ μὲν οὖν λέγω ὑμῖν, ὅτι τῷ ὄντι πάνυ χαλεπῶς
ἔχω ὑπὸ τοῦ χθὲς πότου καὶ δέομαι ἀναψυχῆς τινος, οἶμαι δὲ
καὶ ὑμῶν τοὺς πολλούς· παρῆστε γὰρ χθές· σκοπεῖσθε
B οὖν, τίνι τρόπῳ ἂν ὡς ῥᾷστα πίνοιμεν. τὸν οὖν Ἀρι-
στοφάνη εἰπεῖν· Τοῦτο μέντοι εὖ λέγεις, ὦ Παυσανία, τὸ
παντὶ τρόπῳ παρασκευάσασθαι ῥαστώνην τινὰ τῆς πόσεως·
καὶ γὰρ αὐτός εἰμι τῶν χθὲς βεβαπτισμένων. ἀκούσαντα οὖν
αὐτῶν ἔφη Ἐρυξίμαχον τὸν Ἀκουμενοῦ· Ἦ καλῶς, φάναι,
λέγετε. καὶ ἔτι ἑνὸς δέομαι ὑμῶν ἀκοῦσαι, πῶς ἔχει πρὸς τὸ
ἐρρῶσθαι πίνειν Ἀγάθων. Οὐδαμῶς, φάναι, οὐδ᾽ αὐτὸς
ἔρρωμαι.

C Ἕρμαιον ἂν εἴη ἡμῖν, ἦ δ᾽ ὅς, ὡς ἔοικεν, ἐμοί τε καὶ Ἀριστο-
δήμῳ καὶ Φαίδρῳ καὶ τοῖσδε, εἰ ὑμεῖς οἱ δυνατώτατοι πίνειν
νῦν ἀπειρήκατε· ἡμεῖς μὲν γὰρ ἀεὶ ἀδύνατοι. Σωκράτη δ᾽
ἐξαιρῶ λόγου· ἱκανὸς γὰρ καὶ ἀμφότερα, ὥστ᾽ ἐξαρκέσει
αὐτῷ, ὁπότερ᾽ ἂν ποιῶμεν. ἐπειδὴ οὖν μοι δοκεῖ οὐδεὶς τῶν
παρόντων προθύμως ἔχειν πρὸς τὸ πολὺν πίνειν οἶνον, ἴσως
ἂν ἐγὼ περὶ τοῦ μεθύσκεσθαι, οἷόν ἐστι, τἀληθῆ λέγων ἧττον
ἂν εἴην ἀηδής. ἐμοὶ γὰρ δὴ τοῦτό γε οἶμαι κατάδηλον
D γεγονέναι ἐκ τῆς ἰατρικῆς, ὅτι χαλεπὸν τοῖς ἀνθρώποις ἡ

μέθη ἐστίν· καὶ οὔτε αὐτὸς ἑκὼν εἶναι πόρρω ἐθελήσαιμι ἂν
πιεῖν οὔτε ἄλλῳ συμβουλεύσαιμι, ἄλλως τε καὶ κραιπαλῶντα
ἔτι ἐκ τῆς προτεραίας. Ἀλλὰ μήν, ἔφη φάναι ὑπολαβόντα
Φαῖδρον τὸν Μυρρινούσιον, ἔγωγέ σοι εἴωθα πείθεσθαι
ἄλλως τε καὶ ἅττ' ἂν περὶ ἰατρικῆς λέγῃς· νῦν δ', ἂν εὖ
βουλεύωνται, καὶ οἱ λοιποί. ταῦτα δὴ ἀκούσαντας συγχωρεῖν
πάντας μὴ διὰ μέθης ποιήσασθαι τὴν ἐν τῷ παρόντι συνου- E
σίαν, ἀλλ' οὕτω πίνοντας πρὸς ἡδονήν.

V. Ἐπειδὴ τοίνυν, φάναι τὸν Ἐρυξίμαχον, τοῦτο μὲν
δέδοκται, πίνειν, ὅσον ἂν ἕκαστος βούληται, ἐπάναγκες δὲ
μηδὲν εἶναι, τὸ μετὰ τοῦτο εἰσηγοῦμαι τὴν μὲν ἄρτι εἰσελθοῦ-
σαν αὐλητρίδα χαίρειν ἐᾶν, αὐλοῦσαν ἑαυτῇ ἤ, ἂν βούληται,
ταῖς γυναιξὶ ταῖς ἔνδον, ἡμᾶς δὲ διὰ λόγων ἀλλήλοις συνεῖναι
τὸ τήμερον· καὶ δι' οἵων λόγων, εἰ βούλεσθε, ἐθέλω ὑμῖν
εἰσηγήσασθαι. Φάναι δὴ πάντας καὶ βούλεσθαι καὶ κελεύειν 177
αὐτὸν εἰσηγεῖσθαι.

Εἰπεῖν οὖν τὸν Ἐρυξίμαχον, ὅτι Ἡ μέν μοι ἀρχὴ τοῦ
λόγου ἐστὶ κατὰ τὴν Εὐριπίδου Μελανίππην· οὐ γὰρ ἐμὸς ὁ
μῦθος, ἀλλὰ Φαίδρου τοῦδε, ὃν μέλλω λέγειν. Φαῖδρος γὰρ
ἑκάστοτε πρός με ἀγανακτῶν λέγει· Οὐ δεινόν, φησίν, ὦ
Ἐρυξίμαχε, ἄλλοις μέν τισι θεῶν ὕμνους καὶ παίωνας εἶναι
ὑπὸ τῶν ποιητῶν πεποιημένους, τῷ δὲ Ἔρωτι, τηλικούτῳ
ὄντι καὶ τοσούτῳ θεῷ, μηδὲ ἕνα πώποτε τοσούτων γεγονότων
ποιητῶν πεποιηκέναι μηδὲν ἐγκώμιον; εἰ δὲ βούλει αὖ B
σκέψασθαι τοὺς χρηστοὺς σοφιστάς, Ἡρακλέους μὲν καὶ
ἄλλων ἐπαίνους καταλογάδην συγγράφειν, ὥσπερ ὁ βέλτιστος
Πρόδικος — καὶ τοῦτο μὲν ἧττον καὶ θαυμαστόν, ἀλλ' ἔγωγε
ἤδη τινὶ ἐνέτυχον βιβλίῳ ἀνδρὸς σοφοῦ, ἐν ᾧ ἐνῆσαν ἅλες
ἔπαινον θαυμάσιον ἔχοντες πρὸς ὠφελίαν, καὶ ἄλλα τοιαῦτα
συχνὰ ἴδοις ἂν ἐγκεκωμιασμένα — τὸ οὖν τοιούτων μὲν πέρι C
πολλὴν σπουδὴν ποιήσασθαι, Ἔρωτα δὲ μηδένα πω ἀνθρώ-

πων τετολμηκέναι εἰς ταυτηνὶ τὴν ἡμέραν ἀξίως ὑμνῆσαι,
ἀλλ᾽ οὕτως ἠμέληται τοσοῦτος θεός; ταῦτα δή μοι δοκεῖ εὖ
λέγειν Φαῖδρος. ἐγὼ οὖν ἐπιθυμῶ ἅμα μὲν τούτῳ ἔρανον
εἰσενεγκεῖν καὶ χαρίσασθαι, ἅμα δ᾽ ἐν τῷ παρόντι πρέπον
μοι δοκεῖ εἶναι ἡμῖν τοῖς παροῦσι κοσμῆσαι τὸν θεόν.
D εἰ οὖν συνδοκεῖ καὶ ὑμῖν, γένοιτ᾽ ἂν ἡμῖν ἐν λόγοις ἱκανὴ
διατριβή· δοκεῖ γάρ μοι χρῆναι ἕκαστον ἡμῶν λόγον εἰπεῖν
ἔπαινον Ἔρωτος ἐπὶ δεξιά, ὡς ἂν δύνηται κάλλιστον, ἄρχειν
δὲ Φαῖδρον πρῶτον, ἐπειδὴ καὶ πρῶτος κατάκειται καὶ ἔστιν
ἅμα πατὴρ τοῦ λόγου.

Οὐδείς σοι, ὦ Ἐρυξίμαχε, φάναι τὸν Σωκράτη, ἐναντία
ψηφιεῖται. οὔτε γὰρ ἄν που ἐγὼ ἀποφήσαιμι, ὃς οὐδέν φημι
ἄλλο ἐπίστασθαι ἢ τὰ ἐρωτικά, οὔτε που Ἀγάθων καὶ
E Παυσανίας, οὐδὲ μὴν Ἀριστοφάνης, ᾧ περὶ Διόνυσον καὶ
Ἀφροδίτην πᾶσα ἡ διατριβή, οὐδὲ ἄλλος οὐδεὶς τουτωνί, ὧν
ἐγὼ ὁρῶ. καίτοι οὐκ ἐξ ἴσου γίγνεται ἡμῖν τοῖς ὑστάτοις
κατακειμένοις· ἀλλ᾽ ἐὰν οἱ πρόσθεν ἱκανῶς καὶ καλῶς εἴπω-
σιν, ἐξαρκέσει ἡμῖν. ἀλλὰ τύχῃ ἀγαθῇ καταρχέτω Φαῖδρος
καὶ ἐγκωμιαζέτω τὸν Ἔρωτα. ταῦτα δὴ καὶ οἱ ἄλλοι πάντες
178 ἄρα συνέφασάν τε καὶ ἐκέλευον, ἅπερ ὁ Σωκράτης. πάντων
μὲν οὖν, ἃ ἕκαστος εἶπεν, οὔτε πάνυ ὁ Ἀριστόδημος ἐμέμνητο
οὔτ᾽ αὖ ἐγώ, ἃ ἐκεῖνος ἔλεγε, πάντα· ἃ δὲ μάλιστα καὶ ὧν
ἔδοξέ μοι ἀξιομνημόνευτον, τούτων ὑμῖν ἐρῶ ἑκάστου τὸν
λόγον.

II. Die Rede des Phaidros

VI. Πρῶτον μὲν γάρ, ὥσπερ λέγω, ἔφη Φαῖδρον ἀρξά-
μενον ἐνθένδε ποθὲν λέγειν, ὅτι μέγας θεὸς εἴη ὁ Ἔρως καὶ
θαυμαστὸς ἐν ἀνθρώποις τε καὶ θεοῖς, πολλαχῇ μὲν καὶ
ἄλλῃ, οὐχ ἥκιστα δὲ κατὰ τὴν γένεσιν. τὸ γὰρ ἐν τοῖς
B πρεσβύτατον εἶναι τὸν θεὸν τίμιον, ἦ δ᾽ ὅς· τεκμήριον δὲ

τούτου· γονῆς γὰρ Ἔρωτος οὔτ᾽ εἰσὶν οὔτε λέγονται ὑπ᾽
οὐδενὸς οὔτε ἰδιώτου οὔτε ποιητοῦ, ἀλλ᾽ Ἡσίοδος πρῶτον
μὲν Χάος φησὶ γενέσθαι, αὐτὰρ ἔπειτα, φησί, μετὰ τὸ Χάος
δύο τούτω γενέσθαι, Γῆν τε καὶ Ἔρωτα. Παρμενίδης δὲ τὴν
Γένεσιν λέγει·

Πρώτιστον μὲν Ἔρωτα θεῶν μητίσατο πάντων.

Ἡσιόδῳ δὲ καὶ Ἀκουσίλεως ὁμολογεῖ. οὕτω πολλαχόθεν C
ὁμολογεῖται ὁ Ἔρως ἐν τοῖς πρεσβύτατος εἶναι.

Πρεσβύτατος δὲ ὢν μεγίστων ἀγαθῶν ἡμῖν αἴτιός ἐστιν.
οὐ γὰρ ἔγωγ᾽ ἔχω εἰπεῖν, ὅ τι μεῖζόν ἐστιν ἀγαθὸν εὐθὺς
νέῳ ὄντι ἢ ἐραστὴς χρηστὸς καὶ ἐραστῇ παιδικά. ὃ γὰρ χρὴ
ἀνθρώποις ἡγεῖσθαι παντὸς τοῦ βίου τοῖς μέλλουσι καλῶς
βιώσεσθαι, τοῦτο οὔτε συγγένεια οἵα τε ἐμποιεῖν οὕτω καλῶς
οὔτε τιμαὶ οὔτε πλοῦτος οὔτ᾽ ἄλλο οὐδὲν ὡς ἔρως. λέγω δὲ D
δὴ τί τοῦτο; τὴν ἐπὶ μὲν τοῖς αἰσχροῖς αἰσχύνην, ἐπὶ δὲ τοῖς
καλοῖς φιλοτιμίαν· οὐ γὰρ ἔστιν ἄνευ τούτων οὔτε πόλιν
οὔτε ἰδιώτην μεγάλα καὶ καλὰ ἔργα ἐξεργάζεσθαι.

Φημὶ τοίνυν ἐγὼ ἄνδρα, ὅστις ἐρᾷ, εἴ τι αἰσχρὸν ποιῶν
κατάδηλος γίγνοιτο ἢ πάσχων ὑπό του, δι᾽ ἀνανδρίαν μὴ
ἀμυνόμενος, οὔτ᾽ ἂν ὑπὸ πατρὸς ὀφθέντα οὕτως ἀλγῆσαι
οὔτε ὑπὸ ἑταίρων οὔτε ὑπ᾽ ἄλλου οὐδενὸς ὡς ὑπὸ παιδικῶν. E
ταὐτὸν δὲ τοῦτο καὶ τὸν ἐρώμενον ὁρῶμεν, ὅτι διαφερόντως
τοὺς ἐραστὰς αἰσχύνεται, ὅταν ὀφθῇ ἐν αἰσχρῷ τινι ὤν. εἰ
οὖν μηχανή τις γένοιτο, ὥστε πόλιν γενέσθαι ἢ στρατόπεδον
ἐραστῶν τε καὶ παιδικῶν, οὐκ ἔστιν, ὅπως ἂν ἄμεινον οἰκή-
σειαν τὴν ἑαυτῶν ἢ ἀπεχόμενοι πάντων τῶν αἰσχρῶν καὶ
φιλοτιμούμενοι πρὸς ἀλλήλους· καὶ μαχόμενοί γ᾽ ἂν μετ᾽ 179
ἀλλήλων οἱ τοιοῦτοι νικῷεν ἂν ὀλίγοι ὄντες, ὡς ἔπος εἰπεῖν,
πάντας ἀνθρώπους. ἐρῶν γὰρ ἀνὴρ ὑπὸ παιδικῶν ὀφθῆναι
ἢ λιπὼν τάξιν ἢ ὅπλα ἀποβαλὼν ἧττον ἂν δήπου δέξαιτο
ἢ ὑπὸ πάντων τῶν ἄλλων, καὶ πρὸ τούτου τεθνάναι ἂν πολ-

λάκις ἕλοιτο· καὶ μὴν ἐγκαταλιπεῖν γε τὰ παιδικὰ ἢ μὴ βοηθῆσαι κινδυνεύοντι — οὐδεὶς οὕτω κακός, ὅντινα οὐκ ἂν αὐτὸς ὁ Ἔρως ἔνθεον ποιήσειε πρὸς ἀρετήν, ὥστε ὅμοιον
B εἶναι τῷ ἀρίστῳ φύσει· καὶ ἀτεχνῶς, ὃ ἔφη Ὅμηρος, μένος ἐμπνεῦσαι ἐνίοις τῶν ἡρώων τὸν θεόν, τοῦτο ὁ Ἔρως τοῖς ἐρῶσι παρέχει γιγνόμενον παρ' αὑτοῦ.

VII. Καὶ μὴν ὑπεραποθνῄσκειν γε μόνοι ἐθέλουσιν οἱ ἐρῶντες, οὐ μόνον ὅτι ἄνδρες, ἀλλὰ καὶ αἱ γυναῖκες. τούτου δὲ καὶ ἡ Πελίου θυγάτηρ Ἄλκηστις ἱκανὴν μαρτυρίαν παρέχεται εἰς τοὺς Ἕλληνας, ἐθελήσασα μόνη ὑπὲρ τοῦ αὑτῆς ἀνδρὸς ἀποθανεῖν, ὄντων αὐτῷ πατρός τε καὶ μητρός· οὓς
C ἐκείνη τοσοῦτον ὑπερεβάλετο τῇ φιλίᾳ διὰ τὸν ἔρωτα, ὥστε ἀποδεῖξαι αὐτοὺς ἀλλοτρίους ὄντας τῷ υἱεῖ καὶ ὀνόματι μόνον προσήκοντας· καὶ τοῦτ' ἐργασαμένη τὸ ἔργον οὕτω καλὸν ἔδοξεν ἐργάσασθαι οὐ μόνον ἀνθρώποις, ἀλλὰ καὶ θεοῖς, ὥστε πολλῶν πολλὰ καὶ καλὰ ἐργασαμένων εὐαριθμήτοις δή τισιν ἔδοσαν τοῦτο γέρας οἱ θεοί, ἐξ Ἅιδου ἀνεῖναι
D πάλιν τὴν ψυχήν, ἀλλὰ τὴν ἐκείνης ἀνεῖσαν ἀγασθέντες τῷ ἔργῳ· οὕτω καὶ θεοὶ τὴν περὶ τὸν ἔρωτα σπουδήν τε καὶ ἀρετὴν μάλιστα τιμῶσιν.

Ὀρφέα δὲ τὸν Οἰάγρου ἀτελῆ ἀπέπεμψαν ἐξ Ἅιδου, φάσμα δείξαντες τῆς γυναικός, ἐφ' ἣν ἧκεν, αὐτὴν δὲ οὐ δόντες, ὅτι μαλθακίζεσθαι ἐδόκει, ἅτε ὢν κιθαρῳδός, καὶ οὐ τολμᾶν ἕνεκα τοῦ ἔρωτος ἀποθνῄσκειν ὥσπερ Ἄλκηστις, ἀλλὰ διαμηχανᾶσθαι ζῶν εἰσιέναι εἰς Ἅιδου. τοιγάρτοι διὰ ταῦτα δίκην αὐτῷ ἐπέθεσαν, καὶ ἐποίησαν τὸν θάνατον αὐτοῦ
E ὑπὸ γυναικῶν γενέσθαι, οὐχ ὥσπερ Ἀχιλλέα, τὸν τῆς Θέτιδος υἱόν, ἐτίμησαν καὶ εἰς μακάρων νήσους ἀπέπεμψαν, ὅτι πεπυσμένος παρὰ τῆς μητρός, ὡς ἀποθανοῖτο ἀποκτείνας Ἕκτορα, μὴ ποιήσας δὲ τοῦτο οἴκαδε ἐλθὼν γηραιὸς τελευτήσοι, ἐτόλμησεν ἑλέσθαι βοηθήσας τῷ ἐραστῇ Πατρόκλῳ

καὶ τιμωρήσας οὐ μόνον ὑπεραποθανεῖν, ἀλλὰ καὶ ἐπαποθα- 180
νεῖν τετελευτηκότι· ὅθεν δὴ καὶ ὑπεραγασθέντες οἱ θεοὶ
διαφερόντως αὐτὸν ἐτίμησαν, ὅτι τὸν ἐραστὴν οὕτω περὶ
πολλοῦ ἐποιεῖτο.

Αἰσχύλος δὲ φλυαρεῖ φάσκων Ἀχιλλέα Πατρόκλου ἐρᾶν,
ὃς ἦν καλλίων οὐ μόνον Πατρόκλου, ἀλλ' ἄρα καὶ τῶν ἡρώων
ἁπάντων, καὶ ἔτι ἀγένειος, ἔπειτα νεώτερος πολύ, ὥς φησιν
Ὅμηρος. ἀλλὰ γὰρ τῷ ὄντι μάλιστα μὲν ταύτην τὴν ἀρετὴν
οἱ θεοὶ τιμῶσι τὴν περὶ τὸν ἔρωτα, μᾶλλον μέντοι θαυμάζουσι B
καὶ ἄγανται καὶ εὖ ποιοῦσιν, ὅταν ὁ ἐρώμενος τὸν ἐραστὴν
ἀγαπᾷ, ἢ ὅταν ὁ ἐραστὴς τὰ παιδικά. θειότερον γὰρ ἐραστὴς
παιδικῶν· ἔνθεος γάρ ἐστι. διὰ ταῦτα καὶ τὸν Ἀχιλλέα τῆς
Ἀλκήστιδος μᾶλλον ἐτίμησαν, εἰς μακάρων νήσους ἀπο-
πέμψαντες. οὕτω δὴ ἔγωγέ φημι Ἔρωτα θεῶν καὶ πρεσβύ-
τατον καὶ τιμιώτατον καὶ κυριώτατον εἶναι εἰς ἀρετῆς καὶ
εὐδαιμονίας κτῆσιν ἀνθρώποις καὶ ζῶσι καὶ τελευτήσασιν.

III. Die Rede des Pausanias

VIII. Φαῖδρον μὲν τοιοῦτόν τινα λόγον ἔφη εἰπεῖν, μετὰ C
δὲ Φαῖδρον ἄλλους τινὰς εἶναι, ὧν οὐ πάνυ διεμνημόνευεν·
οὓς παρεὶς τὸν Παυσανίου λόγον διηγεῖτο. εἰπεῖν δ' αὐτόν,
ὅτι Οὐ καλῶς μοι δοκεῖ, ὦ Φαῖδρε, προβεβλῆσθαι ἡμῖν ὁ
λόγος, τὸ ἁπλῶς οὕτως παρηγγέλθαι ἐγκωμιάζειν Ἔρωτα.
εἰ μὲν γὰρ εἷς ἦν ὁ Ἔρως, καλῶς ἂν εἶχε· νῦν δὲ οὐ γάρ
ἐστιν εἷς· μὴ ὄντος δὲ ἑνὸς ὀρθότερόν ἐστι πρότερον
προρρηθῆναι, ὁποῖον δεῖ ἐπαινεῖν. ἐγὼ οὖν πειράσομαι D
τοῦτο ἐπανορθώσασθαι, πρῶτον μὲν Ἔρωτα φράσαι, ὃν δεῖ
ἐπαινεῖν, ἔπειτα ἐπαινέσαι ἀξίως τοῦ θεοῦ. πάντες γὰρ
ἴσμεν, ὅτι οὐκ ἔστιν ἄνευ Ἔρωτος Ἀφροδίτη. μιᾶς μὲν οὖν
οὔσης εἷς ἂν ἦν Ἔρως. ἐπεὶ δὲ δὴ δύο ἐστόν, δύο ἀνάγκη
καὶ Ἔρωτε εἶναι. πῶς δ' οὐ δύο τὼ θεά; ἡ μέν γέ που

πρεσβυτέρα καὶ ἀμήτωρ Οὐρανοῦ θυγάτηρ, ἣν δὴ καὶ Οὐρα-
νίαν ἐπονομάζομεν· ἡ δὲ νεωτέρα Διὸς καὶ Διώνης, ἣν δὴ
E Πάνδημον καλοῦμεν. ἀναγκαῖον δὴ καὶ Ἔρωτα τὸν μὲν τῇ
ἑτέρᾳ συνεργὸν Πάνδημον ὀρθῶς καλεῖσθαι, τὸν δὲ Οὐρά-
νιον.

Ἐπαινεῖν μὲν οὖν δεῖ πάντας θεούς, ἃ δ᾽ οὖν ἑκάτερος
εἴληχε, πειρατέον εἰπεῖν. πᾶσα γὰρ πρᾶξις ὧδ᾽ ἔχει· αὐτὴ
181 ἐφ᾽ ἑαυτῆς πραττομένη οὔτε καλὴ οὔτε αἰσχρά. οἷον, ὃ νῦν
ἡμεῖς ποιοῦμεν, ἢ πίνειν ἢ ᾄδειν ἢ διαλέγεσθαι, οὐκ ἔστι
τούτων αὐτὸ καλὸν οὐδέν, ἀλλ᾽ ἐν τῇ πράξει, ὡς ἂν πραχθῇ,
τοιοῦτον ἀπέβη· καλῶς μὲν γὰρ πραττόμενον καὶ ὀρθῶς
καλὸν γίγνεται, μὴ ὀρθῶς δὲ αἰσχρόν. οὕτω δὴ καὶ τὸ ἐρᾶν
καὶ ὁ Ἔρως οὐ πᾶς ἐστι καλὸς οὐδὲ ἄξιος ἐγκωμιάζεσθαι,
ἀλλ᾽ ὁ καλῶς προτρέπων ἐρᾶν.

IX. Ὁ μὲν οὖν τῆς Πανδήμου Ἀφροδίτης ὡς ἀληθῶς
B πάνδημός ἐστι καὶ ἐξεργάζεται, ὅ τι ἂν τύχῃ· καὶ οὗτός
ἐστιν, ὃν οἱ φαῦλοι τῶν ἀνθρώπων ἐρῶσιν. ἐρῶσι δὲ οἱ
τοιοῦτοι πρῶτον μὲν οὐχ ἧττον γυναικῶν ἢ παίδων, ἔπειτα,
ὧν καὶ ἐρῶσι, τῶν σωμάτων μᾶλλον ἢ τῶν ψυχῶν, ἔπειτα
ὡς ἂν δύνωνται ἀνοητοτάτων, πρὸς τὸ διαπράξασθαι μόνον
βλέποντες, ἀμελοῦντες δὲ τοῦ καλῶς ἢ μή. ὅθεν δὴ συμβαίνει
αὐτοῖς, ὅ τι ἂν τύχωσι, τοῦτο πράττειν, ὁμοίως μὲν ἀγαθόν,
ὁμοίως δὲ τοὐναντίον. ἔστι γὰρ καὶ ἀπὸ τῆς θεοῦ νεωτέρας τε
C οὔσης πολὺ ἢ τῆς ἑτέρας καὶ μετεχούσης ἐν τῇ γενέσει
καὶ θήλεος καὶ ἄρρενος. ὁ δὲ τῆς Οὐρανίας πρῶτον μὲν οὐ
μετεχούσης θήλεος, ἀλλ᾽ ἄρρενος μόνον, ἔπειτα πρεσβυτέρας,
ὕβρεως ἀμοίρου. ὅθεν δὴ ἐπὶ τὸ ἄρρεν τρέπονται οἱ ἐκ τού-
του τοῦ ἔρωτος ἔπιπνοι, τὸ φύσει ἐρρωμενέστερον καὶ νοῦν
μᾶλλον ἔχον ἀγαπῶντες. καί τις ἂν γνοίη καὶ ἐν αὐτῇ τῇ
D παιδεραστίᾳ τοὺς εἰλικρινῶς ὑπὸ τούτου τοῦ ἔρωτος ὡρμη-
μένους. οὐ γὰρ ἐρῶσι παίδων, ἀλλ᾽ ἐπειδὰν ἤδη ἄρχωνται

νοῦν ἴσχειν· τοῦτο δὲ πλησιάζει τῷ γενειάσκειν. παρεσκευα-
σμένοι γάρ, οἶμαι, εἰσὶν οἱ ἐντεῦθεν ἀρχόμενοι ἐρᾶν ὡς τὸν
βίον ἅπαντα συνεσόμενοι καὶ κοινῇ συμβιωσόμενοι, ἀλλ᾽ οὐκ
ἐξαπατήσαντες, ἐν ἀφροσύνῃ λαβόντες ὡς νέον, καταγελά-
σαντες οἰχήσεσθαι ἐπ᾽ ἄλλον ἀποτρέχοντες.

Χρῆν δὲ καὶ νόμον εἶναι μὴ ἐρᾶν παίδων, ἵνα μὴ εἰς E
ἄδηλον πολλὴ σπουδὴ ἀνηλίσκετο· τὸ γὰρ τῶν παίδων τέλος
ἄδηλον, οἷ τελευτᾷ κακίας καὶ ἀρετῆς ψυχῆς τε πέρι καὶ
σώματος. οἱ μὲν οὖν ἀγαθοὶ τὸν νόμον τοῦτον αὐτοὶ αὑτοῖς
ἑκόντες τίθενται, χρῆν δὲ καὶ τούτους τοὺς πανδήμους ἐρα-
στὰς προσαναγκάζειν τὸ τοιοῦτον, ὥσπερ καὶ τῶν ἐλευ-
θέρων γυναικῶν προσαναγκάζομεν αὐτούς, καθ᾽ ὅσον δυνά-
μεθα, μὴ ἐρᾶν. οὗτοι γάρ εἰσιν οἱ καὶ τὸ ὄνειδος πεποιηκότες, 182
ὥστε τινὰς τολμᾶν λέγειν, ὡς αἰσχρὸν χαρίζεσθαι ἐρασταῖς.
λέγουσι δὲ εἰς τούτους ἀποβλέποντες, ὁρῶντες αὐτῶν τὴν
ἀκαιρίαν καὶ ἀδικίαν, ἐπεὶ οὐ δήπου κοσμίως γε καὶ νομίμως
ὁτιοῦν πραττόμενον ψόγον ἂν δικαίως φέροι.

Καὶ δὴ καὶ ὁ περὶ τὸν ἔρωτα νόμος ἐν μὲν ταῖς ἄλλαις
πόλεσι νοῆσαι ῥᾴδιος· ἁπλῶς γὰρ ὥρισται· ὁ δ᾽ ἐνθάδε ποι-
κίλος. ἐν Ἤλιδι μὲν γὰρ καὶ ἐν Βοιωτοῖς, καὶ οὗ μὴ σοφοὶ B
λέγειν, ἁπλῶς νενομοθέτηται καλὸν τὸ χαρίζεσθαι ἐρασταῖς,
καὶ οὐκ ἄν τις εἴποι οὔτε νέος οὔτε παλαιός, ὡς αἰσχρόν,
ἵνα, οἶμαι, μὴ πράγματ᾽ ἔχωσι λόγῳ πειρώμενοι πείθειν τοὺς
νέους, ἅτε ἀδύνατοι λέγειν· τῆς δὲ Ἰωνίας καὶ ἄλλοθι πολ-
λαχοῦ αἰσχρὸν νενόμισται, ὅσοι ὑπὸ βαρβάροις οἰκοῦσιν. τοῖς
γὰρ βαρβάροις διὰ τὰς τυραννίδας αἰσχρὸν τοῦτό γε καὶ ἥ
γε φιλοσοφία καὶ ἡ φιλογυμναστία· οὐ γάρ, οἶμαι, συμφέρει C
τοῖς ἄρχουσι φρονήματα μεγάλα ἐγγίγνεσθαι τῶν ἀρχομένων,
οὐδὲ φιλίας ἰσχυρὰς καὶ κοινωνίας, ὃ δὴ μάλιστα φιλεῖ τά
τε ἄλλα πάντα καὶ ὁ ἔρως ἐμποιεῖν. ἔργῳ δὲ τοῦτο ἔμαθον
καὶ οἱ ἐνθάδε τύραννοι· ὁ γὰρ Ἀριστογείτονος ἔρως καὶ ἡ

Ἁρμοδίου φιλία βέβαιος γενομένη κατέλυσεν αὐτῶν τὴν
ἀρχήν. οὕτως, οὗ μὲν αἰσχρὸν ἐτέθη χαρίζεσθαι ἐρασταῖς,
D κακίᾳ τῶν θεμένων κεῖται, τῶν μὲν ἀρχόντων πλεονεξίᾳ, τῶν
δὲ ἀρχομένων ἀνανδρίᾳ· οὗ δὲ καλὸν ἁπλῶς ἐνομίσθη, διὰ
τὴν τῶν θεμένων τῆς ψυχῆς ἀργίαν· ἐνθάδε δὲ πολὺ τούτων
κάλλιον νενομοθέτηται, καί, ὅπερ εἶπον, οὐ ῥᾴδιον κατα-
νοῆσαι.

X. Ἐνθυμηθέντι γάρ, ὅτι λέγεται κάλλιον τὸ φανερῶς
ἐρᾶν τοῦ λάθρᾳ, καὶ μάλιστα τῶν γενναιοτάτων καὶ ἀρίστων,
κἂν αἰσχίους ἄλλων ὦσι, καὶ ὅτι αὖ ἡ παρακέλευσις τῷ
ἐρῶντι παρὰ πάντων θαυμαστή, οὐχ ὥς τι αἰσχρὸν ποιοῦντι,
E καὶ ἑλόντι τε καλὸν δοκεῖ εἶναι καὶ μὴ ἑλόντι αἰσχρόν, καὶ
πρὸς τὸ ἐπιχειρεῖν ἑλεῖν ἐξουσίαν ὁ νόμος δέδωκε τῷ ἐραστῇ
θαυμαστὰ ἔργα ἐργαζομένῳ ἐπαινεῖσθαι, ἃ εἴ τις τολμῴη
ποιεῖν ἄλλ᾽ ὁτιοῦν διώκων καὶ βουλόμενος διαπράξασθαι
183 πλὴν τοῦτο φιλοσοφίας, τὰ μέγιστα καρποῖτ᾽ ἂν ὀνείδη — εἰ
γὰρ ἢ χρήματα βουλόμενος παρά του λαβεῖν ἢ ἀρχὴν ἄρξαι
ἤ τινα ἄλλην δύναμιν ἐθέλοι ποιεῖν, οἷάπερ οἱ ἐρασταὶ πρὸς
τὰ παιδικά, ἱκετείας τε καὶ ἀντιβολήσεις ἐν ταῖς δεήσεσι ποι-
ούμενοι καὶ κοιμήσεις ἐπὶ θύραις, καὶ ἐθέλοντες δουλείας δου-
λεύειν, οἵας οὐδ᾽ ἂν δοῦλος οὐδείς, ἐμποδίζοιτο ἂν μὴ πράττειν
οὕτω τὴν πρᾶξιν καὶ ὑπὸ φίλων καὶ ὑπὸ ἐχθρῶν, τῶν μὲν
B ὀνειδιζόντων κολακείας καὶ ἀνελευθερίας, τῶν δὲ νουθετούν-
των καὶ αἰσχυνομένων ὑπὲρ αὐτοῦ· τῷ δ᾽ ἐρῶντι πάντα ταῦτα
ποιοῦντι χάρις ἔπεστι, καὶ δέδοται ὑπὸ τοῦ νόμου ἄνευ ὀνεί-
δους πράττειν, ὡς πάγκαλόν τι πρᾶγμα διαπραττομένου. ὃ δὲ
δεινότατον, ὥς γε λέγουσιν οἱ πολλοί, ὅτι καὶ ὀμνύντι μόνῳ
συγγνώμη παρὰ θεῶν ἐκβάντι τὸν ὅρκον· ἀφροδίσιον γὰρ
C ὅρκον οὔ φασιν εἶναι· οὕτω καὶ οἱ θεοὶ καὶ οἱ ἄνθρωποι
πᾶσαν ἐξουσίαν πεποιήκασι τῷ ἐρῶντι, ὡς ὁ νόμος φησὶν ὁ
ἐνθάδε.

Ταύτῃ μὲν οὖν οἰηθείη ἄν τις πάγκαλον νομίζεσθαι ἐν
τῇδε τῇ πόλει καὶ τὸ ἐρᾶν καὶ τὸ φίλους γίγνεσθαι τοῖς
ἐρασταῖς. ἐπειδὰν δὲ παιδαγωγοὺς ἐπιστήσαντες οἱ πατέρες
τοῖς ἐρωμένοις μὴ ἐῶσι διαλέγεσθαι τοῖς ἐρασταῖς, καὶ τῷ
παιδαγωγῷ ταῦτα προστεταγμένα ᾖ, ἡλικιῶται δὲ καὶ ἑταῖ-
ροι ὀνειδίζωσιν, ἐάν τι ὁρῶσι τοιοῦτον γιγνόμενον, καὶ τοὺς
ὀνειδίζοντας αὖ οἱ πρεσβύτεροι μὴ διακωλύωσι μηδὲ λοιδο- D
ρῶσιν ὡς οὐκ ὀρθῶς λέγοντας, εἰς δὲ ταῦτά τις αὖ βλέψας
ἡγήσαιτ' ἂν πάλιν αἴσχιστον τὸ τοιοῦτον ἐνθάδε νομίζεσθαι.

Τὸ δέ, οἶμαι, ὧδ' ἔχει· οὐχ ἁπλοῦν ἐστιν, ὅπερ ἐξ ἀρχῆς
ἐλέχθη, οὔτε καλὸν εἶναι αὐτὸ καθ' αὑτὸ οὔτε αἰσχρόν, ἀλλὰ
καλῶς μὲν πραττόμενον καλόν, αἰσχρῶς δὲ αἰσχρόν. αἰσχρῶς
μὲν οὖν ἐστι πονηρῷ τε καὶ πονηρῶς χαρίζεσθαι, καλῶς δὲ
χρηστῷ τε καὶ καλῶς. πονηρὸς δ' ἐστὶν ἐκεῖνος ὁ ἐραστὴς
ὁ πάνδημος, ὁ τοῦ σώματος μᾶλλον ἢ τῆς ψυχῆς ἐρῶν· καὶ E
γὰρ οὐδὲ μόνιμός ἐστιν, ἅτε οὐ μονίμου ἐρῶν πράγματος.
ἅμα γὰρ τῷ τοῦ σώματος ἄνθει λήγοντι, οὗπερ ἤρα, οἴχεται
ἀποπτάμενος, πολλοὺς λόγους καὶ ὑποσχέσεις καταισχύνας·
ὁ δὲ τοῦ ἤθους χρηστοῦ ὄντος ἐραστὴς διὰ βίου μένει, ἅτε
μονίμῳ συντακείς.

Τούτους δὴ βούλεται ὁ ἡμέτερος νόμος εὖ καὶ καλῶς
βασανίζειν. διὰ ταῦτα οὖν τοῖς μὲν διώκειν παρακελεύεται, 184
τοῖς δὲ φεύγειν, ἀγωνοθετῶν καὶ βασανίζων, ποτέρων ποτέ
ἐστιν ὁ ἐρῶν καὶ ποτέρων ὁ ἐρώμενος. οὕτω δὴ ὑπὸ ταύτης
τῆς αἰτίας πρῶτον μὲν τὸ ἁλίσκεσθαι ταχὺ αἰσχρὸν νενόμι-
σται, ἵνα χρόνος ἐγγένηται, ὃς δὴ δοκεῖ τὰ πολλὰ καλῶς
βασανίζειν· ἔπειτα τὸ ὑπὸ χρημάτων καὶ ὑπὸ πολιτικῶν
δυνάμεων ἁλῶναι αἰσχρόν, ἐάν τε κακῶς πάσχων πτήξῃ καὶ
μὴ καρτερήσῃ, ἄν τ' εὐεργετούμενος εἰς χρήματα ἢ εἰς δια- B
πράξεις πολιτικὰς μὴ καταφρονήσῃ· οὐδὲν γὰρ δοκεῖ τού-
των οὔτε βέβαιον οὔτε μόνιμον εἶναι, χωρὶς τοῦ μηδὲ πεφυ-

κέναι ἀπ᾽ αὐτῶν γενναίαν φιλίαν. μία δὴ λείπεται τῷ ἡμε-
τέρῳ νόμῳ ὁδός, εἰ μέλλει καλῶς χαριεῖσθαι ἐραστῇ παιδικά.
ἔστι γὰρ ἡμῖν νόμος, ὥσπερ ἐπὶ τοῖς ἐρασταῖς ἦν δουλεύειν
C ἐθέλοντα ἡντινοῦν δουλείαν παιδικοῖς μὴ κολακείαν εἶναι
μηδὲ ἐπονείδιστον, οὕτω δὴ καὶ ἄλλη μία μόνη δουλεία
ἑκούσιος λείπεται οὐκ ἐπονείδιστος· αὕτη δ᾽ ἐστὶν ἡ περὶ
τὴν ἀρετήν.

XI. Νενόμισται γὰρ δὴ ἡμῖν, ἐάν τις ἐθέλῃ τινὰ θερα-
πεύειν ἡγούμενος δι᾽ ἐκεῖνον ἀμείνων ἔσεσθαι ἢ κατὰ σοφίαν
τινὰ ἢ κατὰ ἄλλο ὁτιοῦν μέρος ἀρετῆς, αὕτη αὖ ἡ ἐθελοδου-
λεία οὐκ αἰσχρὰ εἶναι οὐδὲ κολακεία. δεῖ δὴ τὼ νόμω τούτω
συμβαλεῖν εἰς ταὐτόν, τόν τε περὶ τὴν παιδεραστίαν καὶ τὸν
D περὶ τὴν φιλοσοφίαν τε καὶ τὴν ἄλλην ἀρετήν, εἰ μέλλει
συμβῆναι καλὸν γενέσθαι τὸ ἐραστῇ παιδικὰ χαρίσασθαι.
ὅταν γὰρ εἰς τὸ αὐτὸ ἔλθωσιν ἐραστής τε καὶ παιδικά, νόμον
ἔχων ἑκάτερος, ὁ μὲν χαρισαμένοις παιδικοῖς ὑπηρετῶν
ὁτιοῦν δικαίως ἂν ὑπηρετεῖν, ὁ δὲ τῷ ποιοῦντι αὐτὸν σοφόν
τε καὶ ἀγαθὸν ὑπουργῶν δικαίως αὖ ὁτιοῦν ἂν ὑπουργεῖν,
καὶ ὁ μὲν δυνάμενος εἰς φρόνησιν καὶ τὴν ἄλλην ἀρετὴν
E συμβάλλεσθαι, ὁ δὲ δεόμενος εἰς παίδευσιν καὶ τὴν ἄλλην
σοφίαν κτᾶσθαι, τότε δὴ τούτων συνιόντων εἰς ταὐτὸν τῶν
νόμων, μοναχοῦ ἐνταῦθα συμπίπτει τὸ καλὸν εἶναι παιδικὰ
ἐραστῇ χαρίσασθαι, ἄλλοθι δὲ οὐδαμοῦ.

Ἐπὶ τούτῳ καὶ ἐξαπατηθῆναι οὐδὲν αἰσχρόν· ἐπὶ δὲ τοῖς
ἄλλοις πᾶσι καὶ ἐξαπατωμένῳ αἰσχύνην φέρει καὶ μή. εἰ γάρ
185 τις ἐραστῇ ὡς πλουσίῳ πλούτου ἕνεκα χαρισάμενος ἐξαπατη-
θείη καὶ μὴ λάβοι χρήματα, ἀναφανέντος τοῦ ἐραστοῦ πένη-
τος, οὐδὲν ἧττον αἰσχρόν· δοκεῖ γὰρ ὁ τοιοῦτος τό γε αὐτοῦ
ἐπιδεῖξαι, ὅτι ἕνεκα χρημάτων ὁτιοῦν ἂν ὁτῳοῦν ὑπηρετοῖ,
τοῦτο δὲ οὐ καλόν. κατὰ τὸν αὐτὸν δὴ λόγον, κἂν εἴ τις ὡς
ἀγαθῷ χαρισάμενος καὶ αὐτὸς ὡς ἀμείνων ἐσόμενος διὰ τὴν

φιλίαν ἐραστοῦ ἐξαπατηθείη, ἀναφανέντος ἐκείνου κακοῦ
καὶ οὐ κεκτημένου ἀρετήν, ὅμως καλὴ ἡ ἀπάτη· δοκεῖ γὰρ B
αὖ καὶ οὗτος τὸ καθ᾽ αὑτὸν δεδηλωκέναι, ὅτι ἀρετῆς γ᾽ ἕνεκα
καὶ τοῦ βελτίων γενέσθαι πᾶν ἂν παντὶ προθυμηθείη, τοῦτο
δὲ αὖ πάντων κάλλιστον· οὕτω πάντως γε καλὸν ἀρετῆς
ἕνεκα χαρίζεσθαι.

Οὗτός ἐστιν ὁ τῆς οὐρανίας θεοῦ ἔρως καὶ οὐράνιος καὶ
πολλοῦ ἄξιος καὶ πόλει καὶ ἰδιώταις, πολλὴν ἐπιμέλειαν
ἀναγκάζων ποιεῖσθαι πρὸς ἀρετὴν τόν τε ἐρῶντα αὐτὸν C
αὑτοῦ καὶ τὸν ἐρώμενον· οἱ δ᾽ ἕτεροι πάντες τῆς ἑτέρας,
τῆς πανδήμου. ταῦτά σοι, ἔφη, ὡς ἐκ τοῦ παραχρῆμα, ὦ
Φαῖδρε, περὶ Ἔρωτος συμβάλλομαι.

IV. Erstes Intermezzo Aristophanes-Eryximachos

Παυσανίου δὲ παυσαμένου — διδάσκουσι γάρ με ἴσα
λέγειν οὑτωσὶ οἱ σοφοί — ἔφη ὁ Ἀριστόδημος δεῖν μὲν
Ἀριστοφάνη λέγειν, τυχεῖν δὲ αὐτῷ τινα ἢ ὑπὸ πλησμονῆς
ἢ ὑπό τινος ἄλλου λύγγα ἐπιπεπτωκυῖαν καὶ οὐχ οἷόν τε
εἶναι λέγειν, ἀλλ᾽ εἰπεῖν αὐτόν — ἐν τῇ κάτω γὰρ αὐτοῦ D
τὸν ἰατρὸν Ἐρυξίμαχον κατακεῖσθαι —· Ὦ Ἐρυξίμαχε,
δίκαιος εἶ ἢ παῦσαί με τῆς λυγγὸς ἢ λέγειν ὑπὲρ ἐμοῦ, ἕως
ἂν ἐγὼ παύσωμαι. καὶ τὸν Ἐρυξίμαχον εἰπεῖν· Ἀλλὰ
ποιήσω ἀμφότερα ταῦτα. ἐγὼ μὲν γὰρ ἐρῶ ἐν τῷ σῷ μέρει,
σὺ δ᾽, ἐπειδὰν παύσῃ, ἐν τῷ ἐμῷ· ἐν ᾧ δ᾽ ἂν ἐγὼ λέγω, ἐὰν
μέν σοι ἐθέλῃ ἀπνευστὶ ἔχοντι πολὺν χρόνον παύεσθαι ἡ
λύγξ· εἰ δὲ μή, ὕδατι ἀνακογχυλίασον. εἰ δ᾽ ἄρα πάνυ E
ἰσχυρά ἐστιν, ἀναλαβών τι τοιοῦτον, οἵῳ κνήσαις ἂν τὴν
ῥῖνα, πτάρε· καὶ ἐὰν τοῦτο ποιήσῃς ἅπαξ ἢ δίς, καὶ εἰ πάνυ
ἰσχυρά ἐστι, παύσεται. Οὐκ ἂν φθάνοις λέγων, φάναι τὸν
Ἀριστοφάνη· ἐγὼ δὲ ταῦτα ποιήσω.

V. Die Rede des Eryximachos

XII. Εἰπεῖν δὴ τὸν Ἐρυξίμαχον· Δοκεῖ τοίνυν μοι ἀναγ-
καῖον εἶναι, ἐπειδὴ Παυσανίας ὁρμήσας ἐπὶ τὸν λόγον καλῶς
186 οὐχ ἱκανῶς ἀπετέλεσε, δεῖν ἐμὲ πειρᾶσθαι τέλος ἐπιθεῖναι
τῷ λόγῳ. τὸ μὲν γὰρ διπλοῦν εἶναι τὸν Ἔρωτα δοκεῖ μοι
καλῶς διελέσθαι· ὅτι δὲ οὐ μόνον ἐστὶν ἐπὶ ταῖς ψυχαῖς τῶν
ἀνθρώπων πρὸς τοὺς καλούς, ἀλλὰ καὶ πρὸς ἄλλα πολλὰ καὶ
ἐν τοῖς ἄλλοις, τοῖς τε σώμασι τῶν πάντων ζῴων καὶ τοῖς ἐν
τῇ γῇ φυομένοις καί, ὡς ἔπος εἰπεῖν, ἐν πᾶσι τοῖς οὖσι,
καθεωρακέναι μοι δοκῶ ἐκ τῆς ἰατρικῆς, τῆς ἡμετέρας
B τέχνης, ὡς μέγας καὶ θαυμαστὸς καὶ ἐπὶ πᾶν ὁ θεὸς τείνει
καὶ κατ' ἀνθρώπινα καὶ κατὰ θεῖα πράγματα.

Ἄρξομαι δὲ ἀπὸ τῆς ἰατρικῆς λέγων, ἵνα καὶ πρεσβεύωμεν
τὴν τέχνην. ἡ γὰρ φύσις τῶν σωμάτων τὸν διπλοῦν Ἔρωτα
τοῦτον ἔχει. τὸ γὰρ ὑγιὲς τοῦ σώματος καὶ τὸ νοσοῦν ὁμολο-
γουμένως ἕτερόν τε καὶ ἀνόμοιόν ἐστι, τὸ δὲ ἀνόμοιον ἀνομοίων
ἐπιθυμεῖ καὶ ἐρᾷ. ἄλλος μὲν οὖν ὁ ἐπὶ τῷ ὑγιεινῷ ἔρως, ἄλλος
δὲ ὁ ἐπὶ τῷ νοσώδει. ἔστιν δή, ὥσπερ ἄρτι Παυσανίας ἔλεγε,
C τοῖς μὲν ἀγαθοῖς καλὸν χαρίζεσθαι τῶν ἀνθρώπων, τοῖς δὲ
ἀκολάστοις αἰσχρόν, οὕτω καὶ ἐν αὐτοῖς τοῖς σώμασι τοῖς μὲν
ἀγαθοῖς ἑκάστου τοῦ σώματος καὶ ὑγιεινοῖς καλὸν χαρί-
ζεσθαι καὶ δεῖ, καὶ τοῦτό ἐστιν, ᾧ ὄνομα τὸ ἰατρικόν, τοῖς
δὲ κακοῖς καὶ νοσώδεσιν αἰσχρόν τε καὶ δεῖ ἀχαριστεῖν, εἰ
μέλλει τις τεχνικὸς εἶναι. ἔστι γὰρ ἰατρική, ὡς ἐν κεφα-
λαίῳ εἰπεῖν, ἐπιστήμη τῶν τοῦ σώματος ἐρωτικῶν πρὸς
πλησμονὴν καὶ κένωσιν, καὶ ὁ διαγιγνώσκων ἐν τούτοις τὸν
D καλόν τε καὶ αἰσχρὸν ἔρωτα, οὗτός ἐστιν ὁ ἰατρικώτατος,
καὶ ὁ μεταβάλλειν ποιῶν, ὥστε ἀντὶ τοῦ ἑτέρου ἔρωτος τὸν
ἕτερον κτᾶσθαι, καὶ οἷς μὴ ἔνεστιν ἔρως, δεῖ δ' ἐγγενέσθαι,
ἐπιστάμενος ἐμποιῆσαι καὶ ἐνόντα ἐξελεῖν, ἀγαθὸς ἂν εἴη
δημιουργός. δεῖ γὰρ δὴ τὰ ἔχθιστα ὄντα ἐν τῷ σώματι φίλα

οἷόν τ' εἶναι ποιεῖν καὶ ἐρᾶν ἀλλήλων· ἔστι δὲ ἔχθιστα τὰ
ἐναντιώτατα, ψυχρὸν θερμῷ, ξηρὸν ὑγρῷ, πάντα τὰ τοιαῦτα·
τούτοις ἐπιστηθεὶς ἔρωτα ἐμποιῆσαι καὶ ὁμόνοιαν ὁ ἡμέτερος E
πρόγονος Ἀσκληπιός, ὥς φασιν οἵδε οἱ ποιηταὶ καὶ ἐγὼ πεί-
θομαι, συνέστησεν τὴν ἡμετέραν τέχνην. ἥ τε οὖν ἰατρική,
ὥσπερ λέγω, πᾶσα διὰ τοῦ θεοῦ τούτου κυβερνᾶται, ὡσαύτως
δὲ καὶ γυμναστικὴ καὶ γεωργία. 187

Μουσικὴ δὲ καὶ παντὶ κατάδηλος τῷ καὶ σμικρὸν προσ-
έχοντι τὸν νοῦν, ὅτι κατὰ ταὐτὰ ἔχει τούτοις, ὥσπερ ἴσως καὶ
Ἡράκλειτος βούλεται λέγειν· ἐπεὶ τοῖς γε ῥήμασιν οὐ καλῶς
λέγει. τὸ ἓν γάρ φησι διαφερόμενον αὐτὸ αὑτῷ συμφέρεσθαι,
ὥσπερ ἁρμονίαν τόξου τε καὶ λύρας. ἔστι δὲ πολλὴ ἀλογία
ἁρμονίαν φάναι διαφέρεσθαι ἢ ἐκ διαφερομένων ἔτι εἶναι.
ἀλλὰ ἴσως τόδε ἐβούλετο λέγειν, ὅτι ἐκ διαφερομένων πρό-
τερον τοῦ ὀξέος καὶ βαρέος, ἔπειτα ὕστερον ὁμολογησάντων B
γέγονεν ὑπὸ τῆς μουσικῆς τέχνης. οὐ γὰρ δήπου ἐκ διαφε-
ρομένων γε ἔτι τοῦ ὀξέος καὶ βαρέος ἁρμονία ἂν εἴη. ἡ γὰρ
ἁρμονία συμφωνία ἐστίν, συμφωνία δὲ ὁμολογία τις· ὁμολο-
γίαν δὲ ἐκ διαφερομένων, ἕως ἂν διαφέρωνται, ἀδύνατον
εἶναι. διαφερόμενον δὲ αὖ καὶ μὴ ὁμολογοῦν ἀδύνατον ἁρμό-
σαι, ὥσπερ γε καὶ ὁ ῥυθμὸς ἐκ τοῦ ταχέος καὶ βραδέος
διενηνεγμένων πρότερον, ὕστερον δὲ ὁμολογησάντων γέγονε. C
τὴν δὲ ὁμολογίαν πᾶσι τούτοις, ὥσπερ ἐκεῖ ἡ ἰατρική, ἐνταῦθα
ἡ μουσικὴ ἐντίθησιν, ἔρωτα καὶ ὁμόνοιαν ἀλλήλων ἐμποιή-
σασα· καὶ ἔστιν αὖ μουσικὴ περὶ ἁρμονίαν καὶ ῥυθμὸν ἐρω-
τικῶν ἐπιστήμη.

Καὶ ἐν μέν γε αὐτῇ τῇ συστάσει ἁρμονίας τε καὶ ῥυθμοῦ
οὐδὲν χαλεπὸν τὰ ἐρωτικὰ διαγιγνώσκειν, οὐδὲ ὁ διπλοῦς
ἔρως ἐνταῦθά πω ἔστιν· ἀλλ' ἐπειδὰν δέῃ πρὸς τοὺς ἀνθρώ-
πους καταχρῆσθαι ῥυθμῷ τε καὶ ἁρμονίᾳ ἢ ποιοῦντα, ὃ δὴ D
μελοποιίαν καλοῦσιν, ἢ χρώμενον ὀρθῶς τοῖς πεποιημένοις

μέλεσί τε καὶ μέτροις, ὃ δὴ παιδεία ἐκλήθη, ἐνταῦθα δὴ καὶ
χαλεπὸν καὶ ἀγαθοῦ δημιουργοῦ δεῖ. πάλιν γὰρ ἥκει ὁ αὐτὸς
λόγος, ὅτι τοῖς μὲν κοσμίοις τῶν ἀνθρώπων, καὶ ὡς ἂν
κοσμιώτεροι γίγνοιντο οἱ μήπω ὄντες, δεῖ χαρίζεσθαι καὶ
φυλάττειν τὸν τούτων ἔρωτα, καὶ οὗτός ἐστιν ὁ καλός, ὁ
E οὐράνιος, ὁ τῆς Οὐρανίας μούσης Ἔρως· ὁ δὲ Πολυμνίας
ὁ πάνδημος, ὃν δεῖ εὐλαβούμενον προσφέρειν, οἷς ἂν προσ-
φέρῃ, ὅπως ἂν τὴν μὲν ἡδονὴν αὐτοῦ καρπώσηται, ἀκο-
λασίαν δὲ μηδεμίαν ἐμποιήσῃ, ὥσπερ ἐν τῇ ἡμετέρᾳ τέχνῃ
μέγα ἔργον ταῖς περὶ τὴν ὀψοποιικὴν τέχνην ἐπιθυμίαις
καλῶς χρῆσθαι, ὥστ᾽ ἄνευ νόσου τὴν ἡδονὴν καρπώσασθαι.
καὶ ἐν μουσικῇ δὴ καὶ ἐν ἰατρικῇ καὶ ἐν τοῖς ἄλλοις πᾶσι καὶ
τοῖς ἀνθρωπείοις καὶ τοῖς θείοις, καθ᾽ ὅσον παρείκει, φυλα-
κτέον ἑκάτερον τὸν Ἔρωτα· ἔνεστον γάρ.

188 XIII. Ἐπεὶ καὶ ἡ τῶν ὡρῶν τοῦ ἐνιαυτοῦ σύστασις μεστή
ἐστιν ἀμφοτέρων τούτων, καὶ ἐπειδὰν μὲν πρὸς ἄλληλα τοῦ
κοσμίου τύχῃ ἔρωτος, ἃ νυνδὴ ἐγὼ ἔλεγον, τά τε θερμὰ καὶ
τὰ ψυχρὰ καὶ ξηρὰ καὶ ὑγρά, καὶ ἁρμονίαν καὶ κρᾶσιν λάβῃ
σώφρονα, ἥκει φέροντα εὐετηρίαν τε καὶ ὑγίειαν ἀνθρώποις
καὶ τοῖς ἄλλοις ζῴοις τε καὶ φυτοῖς, καὶ οὐδὲν ἠδίκησεν·
ὅταν δὲ ὁ μετὰ τῆς ὕβρεως Ἔρως ἐγκρατέστερος περὶ τὰς
τοῦ ἐνιαυτοῦ ὥρας γένηται, διέφθειρέν τε πολλὰ καὶ ἠδί-
B κησεν. οἵ τε γὰρ λοιμοὶ φιλοῦσι γίγνεσθαι ἐκ τῶν τοιούτων
καὶ ἄλλα ἀνόμοια πολλὰ νοσήματα καὶ τοῖς θηρίοις καὶ τοῖς
φυτοῖς· καὶ γὰρ πάχναι καὶ χάλαζαι καὶ ἐρυσῖβαι ἐκ πλεον-
εξίας καὶ ἀκοσμίας περὶ ἄλληλα τῶν τοιούτων γίγνεται ἐρω-
τικῶν, ὧν ἐπιστήμη περὶ ἄστρων τε φορὰς καὶ ἐνιαυτῶν
ὥρας ἀστρονομία καλεῖται.

Ἔτι τοίνυν καὶ αἱ θυσίαι πᾶσαι καὶ οἷς μαντικὴ ἐπιστα-
τεῖ — ταῦτα δ᾽ ἐστὶν ἡ περὶ θεούς τε καὶ ἀνθρώπους πρὸς
C ἀλλήλους κοινωνία —, οὐ περὶ ἄλλο τί ἐστιν ἢ περὶ Ἔρωτος

φυλακήν τε καὶ ἴασιν. πᾶσα γὰρ ἀσέβεια φιλεῖ γίγνεσθαι,
ἐὰν μή τις τῷ κοσμίῳ Ἔρωτι χαρίζηται μηδὲ τιμᾷ τε αὐτὸν
καὶ πρεσβεύῃ ἐν παντὶ ἔργῳ, ἀλλὰ τὸν ἕτερον, καὶ περὶ γονέας
καὶ ζῶντας καὶ τετελευτηκότας καὶ περὶ θεούς· ἃ δὴ
προστέτακται τῇ μαντικῇ ἐπισκοπεῖν τοὺς ἔρωτας καὶ
ἰατρεύειν, καὶ ἔστιν αὖ ἡ μαντικὴ φιλίας θεῶν καὶ ἀνθρώπων
δημιουργὸς τῷ ἐπίστασθαι τὰ κατὰ ἀνθρώπους ἐρωτικά, ὅσα D
τείνει πρὸς θέμιν καὶ εὐσέβειαν.

Οὕτω πολλὴν καὶ μεγάλην, μᾶλλον δὲ πᾶσαν δύναμιν ἔχει
συλλήβδην μὲν ὁ πᾶς Ἔρως, ὁ δὲ περὶ τἀγαθὰ μετὰ σωφρο-
σύνης καὶ δικαιοσύνης ἀποτελούμενος καὶ παρ᾽ ἡμῖν καὶ
παρὰ θεοῖς, οὗτος τὴν μεγίστην δύναμιν ἔχει καὶ πᾶσαν ἡμῖν
εὐδαιμονίαν παρασκευάζει καὶ ἀλλήλοις δυναμένους ὁμιλεῖν
καὶ φίλους εἶναι καὶ τοῖς κρείττοσιν ἡμῶν θεοῖς. ἴσως μὲν
οὖν καὶ ἐγὼ τὸν Ἔρωτα ἐπαινῶν πολλὰ παραλείπω, οὐ μέν- E
τοι ἑκών γε. ἀλλ᾽ εἴ τι ἐξέλιπον, σὸν ἔργον, ὦ Ἀριστόφανες,
ἀναπληρῶσαι· ἢ εἴ πως ἄλλως ἐν νῷ ἔχεις ἐγκωμιάζειν τὸν
θεόν, ἐγκωμίαζε, ἐπειδὴ καὶ τῆς λυγγὸς πέπαυσαι.

VI. Zweites Intermezzo Aristophanes-Eryximachos

Ἐκδεξάμενον οὖν ἔφη εἰπεῖν τὸν Ἀριστοφάνη, ὅτι Καὶ 189
μάλ᾽ ἐπαύσατο, οὐ μέντοι πρίν γε τὸν πταρμὸν προσενεχθῆναι
αὐτῇ, ὥστε με θαυμάζειν, εἰ τὸ κόσμιον τοῦ σώματος ἐπι-
θυμεῖ τοιούτων ψόφων καὶ γαργαλισμῶν, οἷον καὶ ὁ πταρμός
ἐστιν· πάνυ γὰρ εὐθὺς ἐπαύσατο, ἐπειδὴ αὐτῷ τὸν πταρμὸν
προσήνεγκα. καὶ τὸν Ἐρυξίμαχον· Ὠγαθέ, φάναι, Ἀρι-
στόφανες, ὅρα, τί ποιεῖς. γελωτοποιεῖς μέλλων λέγειν, καὶ
φύλακά με τοῦ λόγου ἀναγκάζεις γίγνεσθαι τοῦ σεαυτοῦ, ἐάν B
τι γελοῖον εἴπῃς, ἐξόν σοι ἐν εἰρήνῃ λέγειν. καὶ τὸν Ἀρι-
στοφάνη γελάσαντα εἰπεῖν· Εὖ λέγεις, ὦ Ἐρυξίμαχε, καί μοι
ἔστω ἄρρητα τὰ εἰρημένα. ἀλλὰ μή με φύλαττε, ὡς ἐγὼ

φοβοῦμαι περὶ τῶν μελλόντων ῥηθήσεσθαι, οὔ τι μὴ γελοῖα
εἴπω — τοῦτο μὲν γὰρ ἂν κέρδος εἴη καὶ τῆς ἡμετέρας μού-
σης ἐπιχώριον —, ἀλλὰ μὴ καταγέλαστα. Βαλών γε, φάναι,
ὦ Ἀριστόφανες, οἴει ἐκφεύξεσθαι· ἀλλὰ πρόσεχε τὸν νοῦν
C καὶ οὕτως λέγε ὡς δώσων λόγον· ἴσως μέντοι, ἂν δόξῃ μοι,
ἀφήσω σε.

VII. Die Rede des Aristophanes

XIV. Καὶ μήν, ὦ Ἐρυξίμαχε, εἰπεῖν τὸν Ἀριστοφάνη,
ἄλλῃ γέ πῃ ἐν νῷ ἔχω λέγειν, ἢ ᾗ σύ τε καὶ Παυσανίας
εἰπέτην. ἐμοὶ γὰρ δοκοῦσιν ἄνθρωποι παντάπασι τὴν τοῦ
ἔρωτος δύναμιν οὐκ ᾐσθῆσθαι, ἐπεὶ αἰσθανόμενοί γε μέγιστ'
ἂν αὐτοῦ ἱερὰ κατασκευάσαι καὶ βωμούς, καὶ θυσίας ἂν
ποιεῖν μεγίστας, οὐχ ὥσπερ νῦν τούτων οὐδὲν γίγνεται περὶ
αὐτόν, δέον πάντων μάλιστα γίγνεσθαι. ἔστι γὰρ θεῶν
D φιλανθρωπότατος, ἐπίκουρός τε ὢν τῶν ἀνθρώπων καὶ ἰατρὸς
τούτων, ὧν ἰαθέντων μεγίστη εὐδαιμονία ἂν τῷ ἀνθρωπείῳ
γένει εἴη. ἐγὼ οὖν πειράσομαι ὑμῖν εἰσηγήσασθαι τὴν δύναμιν
αὐτοῦ, ὑμεῖς δὲ τῶν ἄλλων διδάσκαλοι ἔσεσθε.

Δεῖ δὲ πρῶτον ὑμᾶς μαθεῖν τὴν ἀνθρωπίνην φύσιν καὶ τὰ
παθήματα αὐτῆς. ἡ γὰρ πάλαι ἡμῶν φύσις οὐχ αὑτὴ ἦν, ἥπερ
νῦν, ἀλλ' ἀλλοία. πρῶτον μὲν γὰρ τρία ἦν τὰ γένη τὰ τῶν
ἀνθρώπων, οὐχ ὥσπερ νῦν δύο, ἄρρεν καὶ θῆλυ, ἀλλὰ καὶ
E τρίτον προσῆν κοινὸν ὂν ἀμφοτέρων τούτων, οὗ νῦν ὄνομα
λοιπόν, αὐτὸ δὲ ἠφάνισται· ἀνδρόγυνον γὰρ ἓν τότε μὲν ἦν,
καὶ εἶδος καὶ ὄνομα ἐξ ἀμφοτέρων κοινόν, τοῦ τε ἄρρενος
καὶ θήλεος, νῦν δ' οὐκ ἔστιν ἀλλ' ἢ ἐν ὀνείδει ὄνομα κείμενον.
ἔπειτα ὅλον ἦν ἑκάστου τοῦ ἀνθρώπου τὸ εἶδος στρογγύλον,
νῶτον καὶ πλευρὰς κύκλῳ ἔχον, χεῖρας δὲ τέτταρας εἶχε, καὶ
σκέλη τὰ ἴσα ταῖς χερσί, καὶ πρόσωπα δύ' ἐπ' αὐχένι κυκλοτε-
190 ρεῖ, ὅμοια πάντῃ· κεφαλὴν δ' ἐπ' ἀμφοτέροις τοῖς προσώποις

ἐναντίοις κειμένοις μίαν, καὶ ὦτα τέτταρα, καὶ αἰδοῖα δύο, καὶ τἆλλα πάντα, ὡς ἀπὸ τούτων ἄν τις εἰκάσειεν. ἐπορεύετο δὲ καὶ ὀρθὸν ὥσπερ νῦν, ὁποτέρωσε βουληθείη· καὶ ὁπότε ταχὺ ὁρμήσειεν θεῖν, ὥσπερ οἱ κυβιστῶντες καὶ εἰς ὀρθὸν τὰ σκέλη περιφερόμενοι κυβιστῶσι κύκλῳ, ὀκτὼ τότε οὖσι τοῖς μέλεσιν ἀπερειδόμενοι ταχὺ ἐφέροντο κύκλῳ. ἦν δὲ διὰ ταῦτα τρία τὰ γένη καὶ τοιαῦτα, ὅτι τὸ μὲν ἄρρεν ἦν τοῦ ἡλίου τὴν B
ἀρχὴν ἔκγονον, τὸ δὲ θῆλυ τῆς γῆς, τὸ δὲ ἀμφοτέρων μετέχον τῆς σελήνης, ὅτι καὶ ἡ σελήνη ἀμφοτέρων μετέχει· περιφερῆ δὲ δὴ ἦν καὶ αὐτὰ καὶ ἡ πορεία αὐτῶν διὰ τὸ τοῖς γονεῦσιν ὅμοια εἶναι. ἦν οὖν τὴν ἰσχὺν δεινὰ καὶ τὴν ῥώμην, καὶ τὰ φρονήματα μεγάλα εἶχον, ἐπεχείρησαν δὲ τοῖς θεοῖς, καὶ ὃ λέγει Ὅμηρος περὶ Ἐφιάλτου τε καὶ Ὤτου, περὶ ἐκείνων λέγεται, τὸ εἰς τὸν οὐρανὸν ἀνάβασιν ἐπιχειρεῖν ποιεῖν, ὡς C
ἐπιθησομένων τοῖς θεοῖς.

XV. Ὁ οὖν Ζεὺς καὶ οἱ ἄλλοι θεοὶ ἐβουλεύοντο, ὅ τι χρὴ αὐτοὺς ποιῆσαι, καὶ ἠπόρουν· οὔτε γὰρ ὅπως ἀποκτείναιεν εἶχον καὶ ὥσπερ τοὺς γίγαντας κεραυνώσαντες τὸ γένος ἀφανίσαιεν — αἱ τιμαὶ γὰρ αὐτοῖς καὶ ἱερὰ τὰ παρὰ τῶν ἀνθρώπων ἠφανίζετο — οὔθ' ὅπως ἐῷεν ἀσελγαίνειν· μόγις δὴ ὁ Ζεὺς ἐννοήσας λέγει, ὅτι Δοκῶ μοι, ἔφη, ἔχειν μηχανήν, ὡς ἂν εἶέν τε ἄνθρωποι καὶ παύσαιντο τῆς ἀκολασίας ἀσθενέστεροι γενόμενοι. νῦν μὲν γὰρ αὐτούς, ἔφη, διατεμῶ δίχα ἕκαστον, D
καὶ ἅμα μὲν ἀσθενέστεροι ἔσονται, ἅμα δὲ χρησιμώτεροι ἡμῖν διὰ τὸ πλείους τὸν ἀριθμὸν γεγονέναι· καὶ βαδιοῦνται ὀρθοὶ ἐπὶ δυοῖν σκελοῖν· ἐὰν δ' ἔτι δοκῶσιν ἀσελγαίνειν καὶ μὴ ἐθέλωσιν ἡσυχίαν ἄγειν, πάλιν αὖ, ἔφη, τεμῶ δίχα, ὥστ' ἐφ' ἑνὸς πορεύσονται σκέλους ἀσκωλίζοντες. ταῦτα εἰπὼν ἔτεμνε τοὺς ἀνθρώπους δίχα, ὥσπερ οἱ τὰ ὄα τέμνοντες καὶ E
μέλλοντες ταριχεύειν· ὅντινα δὲ τέμοι, τὸν Ἀπόλλω ἐκέλευεν τό τε πρόσωπον μεταστρέφειν καὶ τὸ τοῦ αὐχένος ἥμισυ πρὸς

τὴν τομήν, ἵνα θεώμενος τὴν αὑτοῦ τμῆσιν κοσμιώτερος εἴη
ὁ ἄνθρωπος, καὶ τἆλλα ἰᾶσθαι ἐκέλευεν. ὁ δὲ τό τε πρόσωπον
μετέστρεφε, καὶ συνέλκων πανταχόθεν τὸ δέρμα ἐπὶ τὴν
γαστέρα νῦν καλουμένην, ὥσπερ τὰ σύσπαστα βαλλάντια, ἓν
στόμα ποιῶν ἀπέδει κατὰ μέσην τὴν γαστέρα, ὃ δὴ τὸν
ὀμφαλὸν καλοῦσι. καὶ τὰς μὲν ἄλλας ῥυτίδας τὰς πολλὰς
191 ἐξελέαινε καὶ τὰ στήθη διήρθρου, ἔχων τι τοιοῦτον ὄργανον,
οἷον οἱ σκυτοτόμοι, περὶ τὸν καλάποδα λεαίνοντες τὰς τῶν
σκυτῶν ῥυτίδας· ὀλίγας δὲ κατέλιπε, τὰς περὶ αὐτὴν τὴν
γαστέρα καὶ τὸν ὀμφαλόν, μνημεῖον εἶναι τοῦ παλαιοῦ
πάθους.

Ἐπειδὴ οὖν ἡ φύσις δίχα ἐτμήθη, ποθοῦν ἕκαστον τὸ
ἥμισυ τὸ αὑτοῦ συνῄει, καὶ περιβάλλοντες τὰς χεῖρας καὶ
συμπλεκόμενοι ἀλλήλοις, ἐπιθυμοῦντες συμφῦναι, ἀπέθνῃσκον
B ὑπὸ λιμοῦ καὶ τῆς ἄλλης ἀργίας διὰ τὸ μηδὲν ἐθέλειν χωρὶς
ἀλλήλων ποιεῖν. καὶ ὁπότε τι ἀποθάνοι τῶν ἡμίσεων, τὸ δὲ
λειφθείη, τὸ λειφθὲν ἄλλο ἐζήτει καὶ συνεπλέκετο, εἴτε
γυναικὸς τῆς ὅλης ἐντύχοι ἡμίσει, ὃ δὴ νῦν γυναῖκα καλοῦμεν,
εἴτε ἀνδρός· καὶ οὕτως ἀπώλλυντο. ἐλεήσας δὲ ὁ Ζεὺς ἄλλην
μηχανὴν πορίζεται, καὶ μετατίθησιν αὐτῶν τὰ αἰδοῖα εἰς τὸ
πρόσθεν· τέως γὰρ καὶ ταῦτα ἐκτὸς εἶχον, καὶ ἐγέννων καὶ
C ἔτικτον οὐκ εἰς ἀλλήλους, ἀλλ᾽ εἰς γῆν, ὥσπερ οἱ τέττιγες.
μετέθηκέ τε οὖν οὕτως αὐτῶν εἰς τὸ πρόσθεν καὶ διὰ τούτων
τὴν γέννησιν ἐν ἀλλήλοις ἐποίησεν, τῶνδε ἕνεκα, ἵνα ἐν τῇ
συμπλοκῇ ἅμα μέν, εἰ ἀνὴρ γυναικὶ ἐντύχοι, γεννῷεν καὶ
γίγνοιτο τὸ γένος, ἅμα δ᾽, εἰ καὶ ἄρρην ἄρρενι, πλησμονὴ
γοῦν γίγνοιτο τῆς συνουσίας καὶ διαπαύοιντο καὶ ἐπὶ τὰ ἔργα
τρέποιντο καὶ τοῦ ἄλλου βίου ἐπιμελοῖντο. ἔστι δὴ οὖν ἐκ
D τόσου ὁ ἔρως ἔμφυτος ἀλλήλων τοῖς ἀνθρώποις καὶ τῆς
ἀρχαίας φύσεως συναγωγεὺς καὶ ἐπιχειρῶν ποιῆσαι ἓν ἐκ
δυοῖν καὶ ἰάσασθαι τὴν φύσιν τὴν ἀνθρωπίνην.

XVI. Ἕκαστος οὖν ἡμῶν ἐστιν ἀνθρώπου σύμβολον, ἅτε
τετμημένος ὥσπερ αἱ ψῆτται, ἐξ ἑνὸς δύο. ζητεῖ δὴ ἀεὶ τὸ
αὑτοῦ ἕκαστος σύμβολον. ὅσοι μὲν οὖν τῶν ἀνδρῶν τοῦ
κοινοῦ τμῆμά εἰσιν, ὃ δὴ τότε ἀνδρόγυνον ἐκαλεῖτο, φιλογύ-
ναικές τέ εἰσι καὶ οἱ πολλοὶ τῶν μοιχῶν ἐκ τούτου τοῦ γένους
γεγόνασιν, καὶ ὅσαι αὖ γυναῖκες φίλανδροί τε καὶ μοιχεύτριαι, E
ἐκ τούτου τοῦ γένους γίγνονται. ὅσαι δὲ τῶν γυναικῶν
γυναικὸς τμῆμά εἰσιν, οὐ πάνυ αὗται τοῖς ἀνδράσι τὸν νοῦν
προσέχουσιν, ἀλλὰ μᾶλλον πρὸς τὰς γυναῖκας τετραμμέναι
εἰσί, καὶ αἱ ἑταιρίστριαι ἐκ τούτου τοῦ γένους γίγνονται.
ὅσοι δὲ ἄρρενος τμῆμά εἰσι, τὰ ἄρρενα διώκουσι, καὶ τέως
μὲν ἂν παῖδες ὦσιν, ἅτε τεμάχια ὄντα τοῦ ἄρρενος, φιλοῦσι
τοὺς ἄνδρας καὶ χαίρουσι συγκατακείμενοι καὶ συμπεπλεγμέ-
νοι τοῖς ἀνδράσι, καί εἰσιν οὗτοι βέλτιστοι τῶν παίδων καὶ 192
μειρακίων, ἅτε ἀνδρειότατοι ὄντες φύσει.

Φασὶ δὲ δή τινες αὐτοὺς ἀναισχύντους εἶναι, ψευδόμενοι·
οὐ γὰρ ὑπ᾽ ἀναισχυντίας τοῦτο δρῶσιν, ἀλλ᾽ ὑπὸ θάρρους καὶ
ἀνδρείας καὶ ἀρρενωπίας, τὸ ὅμοιον αὐτοῖς ἀσπαζόμενοι.
μέγα δὲ τεκμήριον· καὶ γὰρ τελεωθέντες μόνοι ἀποβαίνουσιν
εἰς τὰ πολιτικὰ ἄνδρες οἱ τοιοῦτοι. ἐπειδὰν δὲ ἀνδρωθῶσι,
παιδεραστοῦσι καὶ πρὸς γάμους καὶ παιδοποιίας οὐ προσέχουσι B
τὸν νοῦν, ἀλλ᾽ ἐξαρκεῖ αὐτοῖς μετ᾽ ἀλλήλων καταζῆν ἀγάμοις.
πάντως μὲν οὖν ὁ τοιοῦτος παιδεραστής τε καὶ φιλεραστὴς
γίγνεται, ἀεὶ τὸ συγγενὲς ἀσπαζόμενος.

Ὅταν μὲν οὖν καὶ αὐτῷ ἐκείνῳ ἐντύχῃ τῷ αὑτοῦ ἡμίσει
καὶ ὁ παιδεραστὴς καὶ ἄλλος πᾶς, τότε καὶ θαυμαστὰ ἐκπλήτ-
τονται φιλίᾳ τε καὶ οἰκειότητι καὶ ἔρωτι, οὐκ ἐθέλοντες, ὡς C
ἔπος εἰπεῖν, χωρίζεσθαι ἀλλήλων οὐδὲ σμικρὸν χρόνον. καὶ
οἱ διατελοῦντες μετ᾽ ἀλλήλων διὰ βίου οὗτοί εἰσιν, οἳ οὐδ᾽ ἂν
ἔχοιεν εἰπεῖν, ὅ τι βούλονται σφίσι παρ᾽ ἀλλήλων γίγνεσθαι.
οὐδενὶ γὰρ ἂν δόξειεν τοῦτ᾽ εἶναι ἡ τῶν ἀφροδισίων συνουσία,

ὡς ἄρα τούτου ἕνεκα ἕτερος ἑτέρῳ χαίρει συνὼν οὕτως ἐπὶ
μεγάλης σπουδῆς· ἀλλ᾿ ἄλλο τι βουλομένη ἑκατέρου ἡ ψυχὴ
D δήλη ἐστίν, ὃ οὐ δύναται εἰπεῖν, ἀλλὰ μαντεύεται, ὃ βούλεται,
καὶ αἰνίττεται. καὶ εἰ αὐτοῖς ἐν τῷ αὐτῷ κατακειμένοις
ἐπιστὰς ὁ Ἥφαιστος, ἔχων τὰ ὄργανα, ἔροιτο· Τί ἔσθ᾿, ὃ
βούλεσθε, ὦ ἄνθρωποι, ὑμῖν παρ᾿ ἀλλήλων γενέσθαι; καὶ εἰ
ἀποροῦντας αὐτοὺς πάλιν ἔροιτο· Ἆρά γε τοῦδε ἐπιθυμεῖτε,
ἐν τῷ αὐτῷ γενέσθαι ὅ τι μάλιστα ἀλλήλοις, ὥστε καὶ νύκτα
καὶ ἡμέραν μὴ ἀπολείπεσθαι ἀλλήλων; εἰ γὰρ τούτου ἐπιθυ-
E μεῖτε, θέλω ὑμᾶς συντῆξαι καὶ συμφυσῆσαι εἰς τὸ αὐτό,
ὥστε δύ᾿ ὄντας ἕνα γεγονέναι, καὶ ἕως τ᾿ ἂν ζῆτε, ὡς ἕνα
ὄντα κοινῇ ἀμφοτέρους ζῆν, καὶ ἐπειδὰν ἀποθάνητε, ἐκεῖ αὖ
ἐν Ἅιδου ἀντὶ δυοῖν ἕνα εἶναι κοινῇ τεθνεῶτε· ἀλλ᾿ ὁρᾶτε,
εἰ τούτου ἐρᾶτε καὶ ἐξαρκεῖ ὑμῖν, ἂν τούτου τύχητε — ταῦτ᾿
ἀκούσας ἴσμεν ὅτι οὐδ᾿ ἂν εἷς ἐξαρνηθείη οὐδ᾿ ἄλλο τι ἂν
φανείη βουλόμενος, ἀλλ᾿ ἀτεχνῶς οἴοιτ᾿ ἂν ἀκηκοέναι τοῦτο,
ὃ πάλαι ἄρα ἐπεθύμει, συνελθὼν καὶ συντακεὶς τῷ ἐρωμένῳ
ἐκ δυοῖν εἷς γενέσθαι. τοῦτο γάρ ἐστι τὸ αἴτιον, ὅτι ἡ ἀρχαία
φύσις ἡμῶν ἦν αὕτη καὶ ἦμεν ὅλοι· τοῦ ὅλου οὖν τῇ ἐπιθυμίᾳ
καὶ διώξει ἔρως ὄνομα.

193 Καὶ πρὸ τοῦ, ὥσπερ λέγω, ἓν ἦμεν· νυνὶ δὲ διὰ τὴν
ἀδικίαν διῳκίσθημεν ὑπὸ τοῦ θεοῦ, καθάπερ Ἀρκάδες ὑπὸ
Λακεδαιμονίων. φόβος οὖν ἔστιν, ἐὰν μὴ κόσμιοι ὦμεν πρὸς
τοὺς θεούς, ὅπως μὴ καὶ αὖθις διασχισθησόμεθα, καὶ περίιμεν
ἔχοντες ὥσπερ οἱ ἐν ταῖς στήλαις καταγραφὴν ἐκτετυπωμένοι,
διαπεπρισμένοι κατὰ τὰς ῥῖνας, γεγονότες ὥσπερ λίσπαι.
ἀλλὰ τούτων ἕνεκα πάντ᾿ ἄνδρα χρὴ ἅπαντα παρακελεύεσθαι
B εὐσεβεῖν περὶ θεούς, ἵνα τὰ μὲν ἐκφύγωμεν, τῶν δὲ τύχωμεν,
ὧν ὁ Ἔρως ἡμῖν ἡγεμὼν καὶ στρατηγός. ᾧ μηδεὶς ἐναντία
πραττέτω — πράττει δ᾿ ἐναντία, ὅστις θεοῖς ἀπεχθάνεται —·
φίλοι γὰρ γενόμενοι καὶ διαλλαγέντες τῷ θεῷ ἐξευρήσομέν

τε καὶ ἐντευξόμεθα τοῖς παιδικοῖς τοῖς ἡμετέροις αὐτῶν, ὃ τῶν νῦν ὀλίγοι ποιοῦσι.

Καὶ μή μοι ὑπολάβῃ Ἐρυξίμαχος κωμῳδῶν τὸν λόγον, ὡς Παυσανίαν καὶ Ἀγάθωνα λέγω· ἴσως μὲν γὰρ καὶ οὗτοι
τούτων τυγχάνουσιν ὄντες καί εἰσιν ἀμφότεροι τὴν φύσιν C
ἄρρενες· λέγω δὲ οὖν ἔγωγε καθ' ἁπάντων καὶ ἀνδρῶν καὶ γυναικῶν, ὅτι οὕτως ἂν ἡμῶν τὸ γένος εὔδαιμον γένοιτο, εἰ ἐκτελέσαιμεν τὸν ἔρωτα καὶ τῶν παιδικῶν τῶν αὑτοῦ ἕκαστος τύχοι εἰς τὴν ἀρχαίαν ἀπελθὼν φύσιν. εἰ δὲ τοῦτο ἄριστον, ἀναγκαῖον καὶ τῶν νῦν παρόντων τὸ τούτου ἐγγυτάτω ἄριστον εἶναι· τοῦτο δ' ἐστὶ παιδικῶν τυχεῖν κατὰ νοῦν αὐτῷ πεφυκότων· οὗ δὴ τὸν αἴτιον θεὸν ὑμνοῦντες δικαίως
ἂν ὑμνοῖμεν Ἔρωτα, ὃς ἔν τε τῷ παρόντι ἡμᾶς πλεῖστα D
ὀνίνησιν εἰς τὸ οἰκεῖον ἄγων καὶ εἰς τὸ ἔπειτα ἐλπίδας μεγίστας παρέχεται, ἡμῶν παρεχομένων πρὸς θεοὺς εὐσέβειαν, καταστήσας ἡμᾶς εἰς τὴν ἀρχαίαν φύσιν καὶ ἰασάμενος μακαρίους καὶ εὐδαίμονας ποιῆσαι.

Οὗτος, ἔφη, ὦ Ἐρυξίμαχε, ὁ ἐμὸς λόγος ἐστὶ περὶ Ἔρωτος, ἀλλοῖος ἢ ὁ σός. ὥσπερ οὖν ἐδεήθην σου, μὴ κωμῳδήσῃς αὐτόν, ἵνα καὶ τῶν λοιπῶν ἀκούσωμεν, τί ἕκαστος ἐρεῖ,
μᾶλλον δέ, τί ἑκάτερος· Ἀγάθων γὰρ καὶ Σωκράτης λοιποί. E

VIII. Erstes Zwischengespräch Sokrates-Agathon

XVII. Ἀλλὰ πείσομαί σοι, ἔφη φάναι τὸν Ἐρυξίμαχον· καὶ γάρ μοι ὁ λόγος ἡδέως ἐρρήθη. καὶ εἰ μὴ συνῄδη Σωκράτει τε καὶ Ἀγάθωνι δεινοῖς οὖσι περὶ τὰ ἐρωτικά, πάνυ ἂν ἐφοβούμην, μὴ ἀπορήσωσι λόγων διὰ τὸ πολλὰ καὶ παντο-
δαπὰ εἰρῆσθαι· νῦν δὲ ὅμως θαρρῶ. τὸν οὖν Σωκράτη εἰπεῖν· 194
Καλῶς γὰρ αὐτὸς ἠγώνισαι, ὦ Ἐρυξίμαχε· εἰ δὲ γένοιο, οὗ νῦν ἐγώ εἰμι, μᾶλλον δὲ ἴσως, οὗ ἔσομαι, ἐπειδὰν καὶ Ἀγάθων εἴπῃ, καὶ μάλ' ἂν φοβοῖο καὶ ἐν παντὶ εἴης, ὥσπερ ἐγὼ νῦν.

Φαρμάττειν βούλει με, ὦ Σώκρατες, εἰπεῖν τὸν Ἀγάθωνα, ἵνα θορυβηθῶ διὰ τὸ οἴεσθαι τὸ θέατρον προσδοκίαν μεγάλην ἔχειν ὡς εὖ ἐροῦντος ἐμοῦ. Ἐπιλήσμων μεντἂν εἴην, ὦ
B Ἀγάθων, εἰπεῖν τὸν Σωκράτη, εἰ ἰδὼν τὴν σὴν ἀνδρείαν καὶ μεγαλοφροσύνην ἀναβαίνοντος ἐπὶ τὸν ὀκρίβαντα μετὰ τῶν ὑποκριτῶν, καὶ βλέψαντος ἐναντία τοσούτῳ θεάτρῳ, μέλλοντος ἐπιδείξεσθαι σαυτοῦ λόγους, καὶ οὐδ᾽ ὁπωστιοῦν ἐκπλαγέντος, νῦν οἰηθείην σε θορυβηθήσεσθαι ἕνεκα ἡμῶν ὀλίγων ἀνθρώπων. Τί δέ, ὦ Σώκρατες; τὸν Ἀγάθωνα φάναι, οὐ δήπου με οὕτω θεάτρου μεστὸν ἡγῇ, ὥστε καὶ ἀγνοεῖν, ὅτι νοῦν ἔχοντι ὀλίγοι ἔμφρονες πολλῶν ἀφρόνων φοβερώ-
C τεροι; Οὐ μεντἂν καλῶς ποιοίην, φάναι, ὦ Ἀγάθων, περὶ σοῦ τι ἐγὼ ἄγροικον δοξάζων· ἀλλ᾽ εὖ οἶδα, ὅτι, εἴ τισιν ἐντύχοις, οὓς ἡγοῖο σοφούς, μᾶλλον ἂν αὐτῶν φροντίζοις ἢ τῶν πολλῶν· ἀλλὰ μὴ οὐχ οὗτοι ἡμεῖς ὦμεν· ἡμεῖς μὲν γὰρ καὶ ἐκεῖ παρῆμεν καὶ ἦμεν τῶν πολλῶν· εἰ δὲ ἄλλοις ἐντύχοις σοφοῖς, τάχ᾽ ἂν αἰσχύνοιο αὐτούς, εἴ τι ἴσως οἴοιο αἰσχρὸν ὂν ποιεῖν· ἢ πῶς λέγεις; Ἀληθῆ λέγεις, φάναι. Τοὺς δὲ πολλοὺς οὐκ ἂν αἰσχύνοιο, εἴ τι οἴοιο αἰσχρὸν ποιεῖν;

D Καὶ τὸν Φαῖδρον ἔφη ὑπολαβόντα εἰπεῖν· Ὦ φίλε Ἀγάθων, ἐὰν ἀποκρίνῃ Σωκράτει, οὐδὲν ἔτι διοίσει αὐτῷ ὁπῃοῦν τῶν ἐνθάδε ὁτιοῦν γίγνεσθαι, ἐὰν μόνον ἔχῃ, ὅτῳ διαλέγηται, ἄλλως τε καὶ καλῷ. ἐγὼ δὲ ἡδέως μὲν ἀκούω Σωκράτους διαλεγομένου, ἀναγκαῖον δέ μοι ἐπιμεληθῆναι τοῦ ἐγκωμίου τῷ Ἔρωτι καὶ ἀποδέξασθαι παρ᾽ ἑνὸς ἑκάστου ὑμῶν τὸν λόγον· ἀποδοὺς οὖν ἑκάτερος τῷ θεῷ οὕτως ἤδη
E διαλεγέσθω. Ἀλλὰ καλῶς λέγεις, ὦ Φαῖδρε, φάναι τὸν Ἀγάθωνα, καὶ οὐδέν με κωλύει λέγειν· Σωκράτει γὰρ καὶ αὖθις ἔσται πολλάκις διαλέγεσθαι.

IX. Die Rede Agathons

XVIII. Ἐγὼ δὲ δὴ βούλομαι πρῶτον μὲν εἰπεῖν, ὡς χρή με
εἰπεῖν, ἔπειτα εἰπεῖν. δοκοῦσι γάρ μοι πάντες οἱ πρόσθεν
εἰρηκότες οὐ τὸν θεὸν ἐγκωμιάζειν, ἀλλὰ τοὺς ἀνθρώπους
εὐδαιμονίζειν τῶν ἀγαθῶν, ὧν ὁ θεὸς αὐτοῖς αἴτιος· ὁποῖος
δέ τις αὐτὸς ὢν ταῦτα ἐδωρήσατο, οὐδεὶς εἴρηκεν. εἷς δὲ 195
τρόπος ὀρθὸς παντὸς ἐπαίνου περὶ παντός, λόγῳ διελθεῖν,
οἷος οἵων αἴτιος ὢν τυγχάνει, περὶ οὗ ἂν ὁ λόγος ᾖ. οὕτω δὴ
τὸν Ἔρωτα καὶ ἡμᾶς δίκαιον ἐπαινέσαι πρῶτον αὐτόν, οἷός
ἐστιν, ἔπειτα τὰς δόσεις.

Φημὶ οὖν ἐγὼ πάντων θεῶν εὐδαιμόνων ὄντων Ἔρωτα,
εἰ θέμις καὶ ἀνεμέσητον εἰπεῖν, εὐδαιμονέστατον εἶναι αὐτῶν,
κάλλιστον ὄντα καὶ ἄριστον. ἔστι δὲ κάλλιστος ὢν τοιόσδε.
πρῶτον μὲν νεώτατος θεῶν, ὦ Φαῖδρε. μέγα δὲ τεκμήριον τῷ B
λόγῳ αὐτὸς παρέχεται, φεύγων φυγῇ τὸ γῆρας, ταχὺ ὂν
δῆλον ὅτι· θᾶττον γοῦν τοῦ δέοντος ἡμῖν προσέρχεται. ὃ δὴ
πέφυκεν Ἔρως μισεῖν καὶ οὐδ᾽ ἐντὸς πολλοῦ πλησιάζειν. μετὰ
δὲ νέων ἀεὶ σύνεστί τε καὶ ἔστιν· ὁ γὰρ παλαιὸς λόγος εὖ ἔχει,
ὡς ὅμοιον ὁμοίῳ ἀεὶ πελάζει. ἐγὼ δὲ Φαίδρῳ πολλὰ ἄλλα
ὁμολογῶν τοῦτο οὐχ ὁμολογῶ, ὡς Ἔρως Κρόνου καὶ Ἰαπετοῦ
ἀρχαιότερός ἐστιν, ἀλλά φημι νεώτατον αὐτὸν εἶναι θεῶν C
καὶ ἀεὶ νέον, τὰ δὲ παλαιὰ πράγματα περὶ θεούς, ἃ Ἡσίοδος
καὶ Παρμενίδης λέγουσιν, Ἀνάγκῃ καὶ οὐκ Ἔρωτι γεγονέναι,
εἰ ἐκεῖνοι ἀληθῆ ἔλεγον· οὐ γὰρ ἂν ἐκτομαὶ οὐδὲ δεσμοὶ ἀλλή-
λων ἐγίγνοντο καὶ ἄλλα πολλὰ καὶ βίαια, εἰ Ἔρως ἐν αὐτοῖς
ἦν, ἀλλὰ φιλία καὶ εἰρήνη, ὥσπερ νῦν, ἐξ οὗ Ἔρως τῶν
θεῶν βασιλεύει.

Νέος μὲν οὖν ἐστι, πρὸς δὲ τῷ νέῳ ἁπαλός· ποιητοῦ δ᾽
ἔστιν ἐνδεής, οἷος Ὅμηρος, πρὸς τὸ ἐπιδεῖξαι θεοῦ ἁπα- D
λότητα. Ὅμηρος γὰρ Ἄτην θεόν τέ φησιν εἶναι καὶ ἁπαλήν
— τοὺς γοῦν πόδας αὐτῆς ἁπαλοὺς εἶναι — λέγων·

Τῆς μένθ' ἁπαλοὶ πόδες· οὐ γὰρ ἐπ' οὔδεος
πίλναται, ἀλλ' ἄρα ἥ γε κατ' ἀνδρῶν κράατα βαίνει.

καλῷ οὖν δοκεῖ μοι τεκμηρίῳ τὴν ἁπαλότητα ἀποφαίνειν, ὅτι οὐκ ἐπὶ σκληροῦ βαίνει, ἀλλ' ἐπὶ μαλθακοῦ. τῷ αὐτῷ δὴ καὶ
E ἡμεῖς χρησώμεθα τεκμηρίῳ περὶ Ἔρωτα, ὅτι ἁπαλός. οὐ γὰρ ἐπὶ γῆς βαίνει οὐδ' ἐπὶ κρανίων, ἅ ἐστιν οὐ πάνυ μαλακά, ἀλλ' ἐν τοῖς μαλακωτάτοις τῶν ὄντων καὶ βαίνει καὶ οἰκεῖ. ἐν γὰρ ἤθεσι καὶ ψυχαῖς θεῶν καὶ ἀνθρώπων τὴν οἴκησιν ἵδρυται, καὶ οὐκ αὖ ἑξῆς ἐν πάσαις ταῖς ψυχαῖς, ἀλλ' ᾗτινι ἂν σκληρὸν ἦθος ἐχούσῃ ἐντύχῃ, ἀπέρχεται, ᾗ δ' ἂν μαλακόν, οἰκίζεται. ἁπτόμενον οὖν ἀεὶ καὶ ποσὶ καὶ πάντῃ ἐν μαλακωτάτοις τῶν μαλακωτάτων, ἁπαλώτατον ἀνάγκη εἶναι.

196 Νεώτατος μὲν δή ἐστι καὶ ἁπαλώτατος, πρὸς δὲ τούτοις ὑγρὸς τὸ εἶδος. οὐ γὰρ ἂν οἷός τ' ἦν πάντῃ περιπτύσσεσθαι οὐδὲ διὰ πάσης ψυχῆς καὶ εἰσιὼν τὸ πρῶτον λανθάνειν καὶ ἐξιών, εἰ σκληρὸς ἦν. συμμέτρου δὲ ἰδέας μέγα τεκμήριον ἡ εὐσχημοσύνη, ὃ δὴ διαφερόντως ἐκ πάντων ὁμολογουμένως Ἔρως ἔχει· ἀσχημοσύνῃ γὰρ καὶ Ἔρωτι πρὸς ἀλλήλους ἀεὶ πόλεμος. χρόας δὲ κάλλος ἡ κατ' ἄνθη δίαιτα τοῦ θεοῦ
B σημαίνει. ἀνανθεῖ γὰρ καὶ ἀπηνθηκότι καὶ σώματι καὶ ψυχῇ καὶ ἄλλῳ ὁτῳοῦν οὐκ ἐνίζει Ἔρως, οὗ δ' ἂν εὐανθής τε καὶ εὐώδης τόπος ᾖ, ἐνταῦθα καὶ ἵζει καὶ μένει.

XIX. Περὶ μὲν οὖν κάλλους τοῦ θεοῦ καὶ ταῦτα ἱκανὰ καὶ ἔτι πολλὰ λείπεται, περὶ δὲ ἀρετῆς Ἔρωτος μετὰ ταῦτα λεκτέον. τὸ μὲν μέγιστον, ὅτι Ἔρως οὔτ' ἀδικεῖ οὔτ' ἀδικεῖται οὔτε ὑπὸ θεοῦ οὔτε θεόν, οὔτε ὑπ' ἀνθρώπου οὔτε ἄνθρωπον. οὔτε γὰρ αὐτὸς βίᾳ πάσχει, εἴ τι πάσχει, — βία γὰρ Ἔρωτος
C οὐχ ἅπτεται — οὔτε ποιῶν ποιεῖ· πᾶς γὰρ ἑκὼν Ἔρωτι πᾶν ὑπηρετεῖ, ἃ δ' ἂν ἑκὼν ἑκόντι ὁμολογήσῃ, φασὶν οἱ πόλεως βασιλῆς νόμοι δίκαια εἶναι. πρὸς δὲ δικαιοσύνῃ σωφροσύνης

πλείστης μετέχει. εἶναι γὰρ ὁμολογεῖται σωφροσύνη τὸ
κρατεῖν ἡδονῶν καὶ ἐπιθυμιῶν, ἔρωτος δὲ μηδεμίαν ἡδονὴν
κρείττω εἶναι· εἰ δὲ ἥττους, κρατοῖντ᾽ ἂν ὑπὸ Ἔρωτος, ὁ δὲ
κρατοῖ· κρατῶν δὲ ἡδονῶν καὶ ἐπιθυμιῶν ὁ Ἔρως διαφερόν-
τως ἂν σωφρονοῖ. καὶ μὴν εἴς γε ἀνδρείαν Ἔρωτι οὐδ᾽ Ἄρης D
ἀνθίσταται. οὐ γὰρ ἔχει Ἔρωτα Ἄρης, ἀλλ᾽ Ἔρως Ἄρη,
Ἀφροδίτης, ὡς λόγος· κρείττων δὲ ὁ ἔχων τοῦ ἐχομένου· τοῦ
δ᾽ ἀνδρειοτάτου τῶν ἄλλων κρατῶν πάντων ἂν ἀνδρειότατος
εἴη.

Περὶ μὲν οὖν δικαιοσύνης καὶ σωφροσύνης καὶ ἀνδρείας
τοῦ θεοῦ εἴρηται, περὶ δὲ σοφίας λείπεται· ὅσον οὖν δυνατόν,
πειρατέον μὴ ἐλλείπειν. καὶ πρῶτον μέν, ἵν᾽ αὖ καὶ ἐγὼ τὴν
ἡμετέραν τέχνην τιμήσω ὥσπερ Ἐρυξίμαχος τὴν αὑτοῦ, E
ποιητὴς ὁ θεὸς σοφὸς οὕτως, ὥστε καὶ ἄλλον ποιῆσαι· πᾶς
γοῦν ποιητὴς γίγνεται, κἂν ἄμουσος ᾖ τὸ πρίν, οὗ ἂν Ἔρως
ἅψηται. ᾧ δὴ πρέπει ἡμᾶς μαρτυρίῳ χρῆσθαι, ὅτι ποιητὴς ὁ
Ἔρως ἀγαθὸς ἐν κεφαλαίῳ πᾶσαν ποίησιν τὴν κατὰ μου-
σικήν· ἃ γάρ τις ἢ μὴ ἔχει ἢ μὴ οἶδεν, οὔτ᾽ ἂν ἑτέρῳ
δοίη οὔτ᾽ ἂν ἄλλον διδάξειεν. καὶ μὲν δὴ τήν γε τῶν 197
ζῴων ποίησιν πάντων τίς ἐναντιώσεται μὴ οὐχὶ Ἔρωτος
εἶναι σοφίαν, ᾗ γίγνεταί τε καὶ φύεται πάντα τὰ ζῷα;
ἀλλὰ τὴν τῶν τεχνῶν δημιουργίαν οὐκ ἴσμεν, ὅτι, οὗ
μὲν ἂν ὁ θεὸς οὗτος διδάσκαλος γένηται, ἐλλόγιμος καὶ
φανὸς ἀπέβη, οὗ δ᾽ ἂν Ἔρως μὴ ἐφάψηται, σκοτεινός;
τοξικήν γε μὴν καὶ ἰατρικὴν καὶ μαντικὴν Ἀπόλλων ἀνηῦρεν
ἐπιθυμίας καὶ ἔρωτος ἡγεμονεύσαντος, ὥστε καὶ οὗτος B
Ἔρωτος ἂν εἴη μαθητής, καὶ Μοῦσαι μουσικῆς καὶ Ἥφαι-
στος χαλκείας καὶ Ἀθηνᾶ ἱστουργίας καὶ Ζεὺς κυβερνᾶν
θεῶν τε καὶ ἀνθρώπων. ὅθεν δὴ καὶ κατεσκευάσθη τῶν
θεῶν τὰ πράγματα Ἔρωτος ἐγγενομένου, δῆλον ὅτι κάλλους·
αἴσχει γὰρ οὐκ ἔνι Ἔρως· πρὸ τοῦ δέ, ὥσπερ ἐν ἀρχῇ εἶπον,

πολλὰ καὶ δεινὰ θεοῖς ἐγίγνετο, ὡς λέγεται, διὰ τὴν τῆς Ἀνάγκης βασιλείαν· ἐπειδὴ δ᾽ ὁ θεὸς οὗτος ἔφυ, ἐκ τοῦ ἐρᾶν τῶν καλῶν πάντ᾽ ἀγαθὰ γέγονεν καὶ θεοῖς καὶ ἀνθρώποις.

C Οὕτως ἐμοὶ δοκεῖ, ὦ Φαῖδρε, Ἔρως πρῶτος αὐτὸς ὢν κάλλιστος καὶ ἄριστος μετὰ τοῦτο τοῖς ἄλλοις ἄλλων τοιούτων αἴτιος εἶναι. ἐπέρχεται δέ μοί τι καὶ ἔμμετρον εἰπεῖν, ὅτι οὗτός ἐστιν ὁ ποιῶν

εἰρήνην μὲν ἐν ἀνθρώποις, πελάγει δὲ γαλήνην,
νηνεμίαν ἀνέμων, κοίτην ὕπνον τ᾽ ἐνὶ κήδει.

D οὗτος δὲ ἡμᾶς ἀλλοτριότητος μὲν κενοῖ, οἰκειότητος δὲ πληροῖ, τὰς τοιάσδε συνόδους μετ᾽ ἀλλήλων πάσας τιθεὶς συνιέναι, ἐν ἑορταῖς, ἐν χοροῖς, ἐν θυσίαις γιγνόμενος ἡγεμών· πρᾳότητα μὲν πορίζων, ἀγριότητα δ᾽ ἐξορίζων· φιλόδωρος εὐμενείας, ἄδωρος δυσμενείας· ἵλεως ἀγαθοῖς, θεατὸς σοφοῖς, ἀγαστὸς θεοῖς· ζηλωτὸς ἀμοίροις, κτητὸς εὐμοίροις· τρυφῆς, ἁβρότητος, χλιδῆς, χαρίτων, ἱμέρου, πόθου πατήρ· ἐπιμελὴς ἀγαθῶν, ἀμελὴς κακῶν· ἐν πόνῳ, ἐν
E φόβῳ, ἐν πόθῳ, ἐν λόγῳ κυβερνήτης, ἐπιβάτης, παραστάτης τε καὶ σωτὴρ ἄριστος, συμπάντων τε θεῶν καὶ ἀνθρώπων κόσμος, ἡγεμὼν κάλλιστος καὶ ἄριστος, ᾧ χρὴ ἕπεσθαι πάντα ἄνδρα ἐφυμνοῦντα καλῶς, ᾠδῆς μετέχοντα, ἣν ᾄδει θέλγων πάντων θεῶν τε καὶ ἀνθρώπων νόημα.

Οὗτος, ἔφη, ὁ παρ᾽ ἐμοῦ λόγος, ὦ Φαῖδρε, τῷ θεῷ ἀνακείσθω, τὰ μὲν παιδιᾶς, τὰ δὲ σπουδῆς μετρίας, καθ᾽ ὅσον ἐγὼ δύναμαι, μετέχων.

X. Zweites Zwischengespräch Sokrates-Agathon

198 XX. Εἰπόντος δὲ τοῦ Ἀγάθωνος πάντας ἔφη ὁ Ἀριστόδημος ἀναθορυβῆσαι τοὺς παρόντας, ὡς πρεπόντως τοῦ

νεανίσκου εἰρηκότος καὶ αὑτῷ καὶ τῷ θεῷ. τὸν οὖν
Σωκράτη εἰπεῖν βλέψαντα εἰς τὸν Ἐρυξίμαχον· Ἆρά
σοι δοκῶ, φάναι, ὦ παῖ Ἀκουμενοῦ, ἀδεὲς πάλαι
δέος δεδιέναι, ἀλλ᾽ οὐ μαντικῶς, ἃ νυνδὴ ἔλεγον, εἰπεῖν,
ὅτι Ἀγάθων θαυμαστῶς ἐροῖ, ἐγὼ δ᾽ ἀπορήσοιμι; Τὸ
μὲν ἕτερον, φάναι τὸν Ἐρυξίμαχον, μαντικῶς μοι δοκεῖς
εἰρηκέναι, ὅτι Ἀγάθων εὖ ἐρεῖ· τὸ δὲ σὲ ἀπορήσειν, οὐκ
οἶμαι. Καὶ πῶς, ὦ μακάριε, εἰπεῖν τὸν Σωκράτη, οὐ μέλλω B
ἀπορεῖν καὶ ἐγὼ καὶ ἄλλος ὁστισοῦν, μέλλων λέξειν μετὰ
καλὸν οὕτω καὶ παντοδαπὸν λόγον ῥηθέντα; καὶ τὰ μὲν ἄλλα
οὐχ ὁμοίως μὲν θαυμαστά· τὸ δ᾽ ἐπὶ τελευτῆς τοῦ κάλλους
τῶν ὀνομάτων καὶ ῥημάτων τίς οὐκ ἂν ἐξεπλάγη ἀκούων;
ἐπεὶ ἔγωγε ἐνθυμούμενος, ὅτι αὐτὸς οὐχ οἷός τ᾽ ἔσομαι οὐδ᾽
ἐγγὺς τούτων οὐδὲν καλὸν εἰπεῖν, ὑπ᾽ αἰσχύνης ὀλίγου
ἀποδρὰς ᾠχόμην, εἴ πῃ εἶχον. καὶ γάρ με Γοργίου ὁ λόγος C
ἀνεμίμνῃσκεν, ὥστε ἀτεχνῶς τὸ τοῦ Ὁμήρου ἐπεπόνθη·
ἐφοβούμην, μή μοι τελευτῶν ὁ Ἀγάθων Γοργίου κεφαλὴν
δεινοῦ λέγειν ἐν τῷ λόγῳ ἐπὶ τὸν ἐμὸν λόγον πέμψας αὐτόν
με λίθον τῇ ἀφωνίᾳ ποιήσειεν. καὶ ἐνενόησα τότε ἄρα κατα-
γέλαστος ὤν, ἡνίκα ὑμῖν ὡμολόγουν ἐν τῷ μέρει μεθ᾽ ὑμῶν
ἐγκωμιάσεσθαι τὸν Ἔρωτα καὶ ἔφην εἶναι δεινὸς τὰ ἐρωτικά, D
οὐδὲν εἰδὼς ἄρα τοῦ πράγματος, ὡς ἔδει ἐγκωμιάζειν ὁτιοῦν.
Ἐγὼ μὲν γὰρ ὑπ᾽ ἀβελτερίας ᾤμην δεῖν τἀληθῆ λέγειν περὶ
ἑκάστου τοῦ ἐγκωμιαζομένου, καὶ τοῦτο μὲν ὑπάρχειν, ἐξ
αὐτῶν δὲ τούτων τὰ κάλλιστα ἐκλεγομένους ὡς εὐπρεπέστατα
τιθέναι· καὶ πάνυ δὴ μέγα ἐφρόνουν ὡς εὖ ἐρῶν, ὡς εἰδὼς
τὴν ἀλήθειαν τοῦ ἐπαινεῖν ὁτιοῦν. τὸ δὲ ἄρα, ὡς ἔοικεν, οὐ
τοῦτο ἦν τὸ καλῶς ἐπαινεῖν ὁτιοῦν, ἀλλὰ τὸ ὡς μέγιστα
ἀνατιθέναι τῷ πράγματι καὶ ὡς κάλλιστα, ἐάν τε ᾖ οὕτως E
ἔχοντα ἐάν τε μή· εἰ δὲ ψευδῆ, οὐδὲν ἄρ᾽ ἦν πρᾶγμα. προυρ-
ρήθη γάρ, ὡς ἔοικεν, ὅπως ἕκαστος ἡμῶν τὸν Ἔρωτα

ἐγκωμιάζειν δόξει, οὐχ ὅπως ἐγκωμιάσεται. διὰ ταῦτα δή,
οἶμαι, πάντα λόγον κινοῦντες ἀνατίθετε τῷ Ἔρωτι, καί φατε
αὐτὸν τοιοῦτόν τε εἶναι καὶ τοσούτων αἴτιον, ὅπως ἂν
199 φαίνηται ὡς κάλλιστος καὶ ἄριστος, δῆλον ὅτι τοῖς μὴ
γιγνώσκουσιν· οὐ γὰρ δήπου τοῖς γε εἰδόσιν· καὶ καλῶς γ᾽
ἔχει καὶ σεμνῶς ὁ ἔπαινος.

Ἀλλὰ γὰρ ἐγὼ οὐκ ᾔδη ἄρα τὸν τρόπον τοῦ ἐπαίνου, οὐ δ᾽
εἰδὼς ὑμῖν ὡμολόγησα καὶ αὐτὸς ἐν τῷ μέρει ἐπαινέσεσθαι.
ἡ γλῶττα οὖν ὑπέσχετο, ἡ δὲ φρὴν οὔ· χαιρέτω δή. οὐ γὰρ
ἔτι ἐγκωμιάζω τοῦτον τὸν τρόπον· οὐ γὰρ ἂν δυναίμην· οὐ
B μέντοι ἀλλὰ τά γε ἀληθῆ, εἰ βούλεσθε, ἐθέλω εἰπεῖν κατ᾽
ἐμαυτόν, οὐ πρὸς τοὺς ὑμετέρους λόγους, ἵνα μὴ γέλωτα
ὄφλω. ὅρα οὖν, ὦ Φαῖδρε, εἴ τι καὶ τοιούτου λόγου δέῃ, περὶ
Ἔρωτος τἀληθῆ λεγόμενα ἀκούειν, ὀνόμασι δὲ καὶ θέσει
ῥημάτων τοιαύτῃ, ὁποία δἄν τις τύχῃ ἐπελθοῦσα. τὸν οὖν
Φαῖδρον ἔφη καὶ τοὺς ἄλλους κελεύειν λέγειν, ὅπῃ αὐτὸς
οἴοιτο δεῖν εἰπεῖν, ταύτῃ. Ἔτι τοίνυν, φάναι, ὦ Φαῖδρε,
πάρες μοι Ἀγάθωνα σμίκρ᾽ ἄττα ἐρέσθαι, ἵνα ἀνομολογη-
C σάμενος παρ᾽ αὐτοῦ οὕτως ἤδη λέγω. Ἀλλὰ παρίημι, φάναι
τὸν Φαῖδρον, ἀλλ᾽ ἐρώτα. μετὰ ταῦτα δὴ τὸν Σωκράτη ἔφη
ἐνθένδε ποθὲν ἄρξασθαι.

XXI. Καὶ μήν, ὦ φίλε Ἀγάθων, καλῶς μοι ἔδοξας
καθηγήσασθαι τοῦ λόγου λέγων, ὅτι πρῶτον μὲν δέοι αὐτὸν
ἐπιδεῖξαι, ὁποῖός τίς ἐστιν ὁ Ἔρως, ὕστερον δὲ τὰ ἔργα αὐτοῦ.
ταύτην τὴν ἀρχὴν πάνυ ἄγαμαι. ἴθι οὖν μοι περὶ Ἔρωτος,
ἐπειδὴ καὶ τἆλλα καλῶς καὶ μεγαλοπρεπῶς διῆλθες, οἷός
D ἐστι, καὶ τόδε εἰπέ· πότερόν ἐστι τοιοῦτος οἷος εἶναί τινος ὁ
Ἔρως ἔρως, ἢ οὐδενός; ἐρωτῶ δ᾽ οὔκ, εἰ μητρός τινος ἢ
πατρός ἐστιν — γελοῖον γὰρ ἂν εἴη τὸ ἐρώτημα, εἰ Ἔρως
ἐστὶν ἔρως μητρὸς ἢ πατρός — ἀλλ᾽ ὥσπερ ἂν εἰ αὐτὸ τοῦτο,
πατέρα, ἠρώτων· Ἆρα ὁ πατήρ ἐστι πατήρ τινος ἢ οὔ;

εἶπες ἂν δήπου μοι, εἰ ἐβούλου καλῶς ἀποκρίνασθαι, ὅτι
Ἔστιν υἱέος γε ἢ θυγατρὸς ὁ πατὴρ πατήρ· ἢ οὔ; Πάνυ γε,
φάναι τὸν Ἀγάθωνα. Οὐκοῦν καὶ ἡ μήτηρ ὡσαύτως;
Ὁμολογεῖσθαι καὶ τοῦτο. Ἔτι τοίνυν, εἰπεῖν τὸν Σωκράτη, E
ἀπόκριναι ὀλίγῳ πλείω, ἵνα μᾶλλον καταμάθῃς, ὃ βούλομαι.
εἰ γὰρ ἐροίμην· Τί δέ; ἀδελφός, αὐτὸ τοῦθ', ὅπερ ἔστιν, ἔστι
τινὸς ἀδελφὸς ἢ οὔ; Φάναι εἶναι. Οὐκοῦν ἀδελφοῦ ἢ ἀδελ-
φῆς; Ὁμολογεῖν. Πειρῶ δή, φάναι, καὶ τὸν ἔρωτα εἰπεῖν.
ὁ Ἔρως ἔρως ἐστὶν οὐδενὸς ἢ τινός; Πάνυ μὲν οὖν ἔστιν.
Τοῦτο μὲν τοίνυν, εἰπεῖν τὸν Σωκράτη, φύλαξον παρὰ 200
σαυτῷ, μεμνημένος ὅτου· τοσόνδε δὲ εἰπέ, πότερον ὁ Ἔρως
ἐκείνου, οὗ ἔστιν ἔρως, ἐπιθυμεῖ αὐτοῦ ἢ οὔ; Πάνυ γε, φάναι.
Πότερον ἔχων αὐτό, οὗ ἐπιθυμεῖ τε καὶ ἐρᾷ, εἶτα ἐπιθυμεῖ
τε καὶ ἐρᾷ, ἢ οὐκ ἔχων; Οὐκ ἔχων, ὡς τὸ εἰκός γε, φάναι.
Σκόπει δή, εἰπεῖν τὸν Σωκράτη, ἀντὶ τοῦ εἰκότος εἰ ἀνάγκη
οὕτως, τὸ ἐπιθυμοῦν ἐπιθυμεῖν, οὗ ἐνδεές ἐστιν, ἢ μὴ ἐπι-
θυμεῖν, ἐὰν μὴ ἐνδεὲς ᾖ. ἐμοὶ μὲν γὰρ θαυμαστῶς δοκεῖ, ὦ B
Ἀγάθων, ὡς ἀνάγκη εἶναι· σοὶ δὲ πῶς; Κἀμοί, φάναι, δο-
κεῖ. Καλῶς λέγεις. ἆρ' οὖν βούλοιτ' ἄν τις μέγας ὢν μέγας
εἶναι, ἢ ἰσχυρὸς ὢν ἰσχυρός; Ἀδύνατον ἐκ τῶν ὡμολογη-
μένων. Οὐ γάρ που ἐνδεὴς ἂν εἴη τούτων ὅ γε ὤν. Ἀληθῆ
λέγεις. Εἰ γὰρ καὶ ἰσχυρὸς ὢν βούλοιτο ἰσχυρὸς εἶναι,
φάναι τὸν Σωκράτη, καὶ ταχὺς ὢν ταχύς, καὶ ὑγιὴς ὢν
ὑγιής — ἴσως γὰρ ἄν τις ταῦτα οἰηθείη καὶ πάντα τὰ τοι-
αῦτα τοὺς ὄντας τε τοιούτους καὶ ἔχοντας ταῦτα τούτων, C
ἅπερ ἔχουσι, καὶ ἐπιθυμεῖν· ἵν' οὖν μὴ ἐξαπατηθῶμεν,
τούτου ἕνεκα λέγω· τούτοις γάρ, ὦ Ἀγάθων, εἰ ἐννοεῖς,
ἔχειν μὲν ἕκαστα τούτων ἐν τῷ παρόντι ἀνάγκη, ἃ ἔχουσιν,
ἐάν τε βούλωνται ἐάν τε μή, καὶ τούτου γε δήπου τίς ἂν
ἐπιθυμήσειεν; ἀλλ' ὅταν τις λέγῃ, ὅτι Ἐγὼ ὑγιαίνων βού-
λομαι καὶ ὑγιαίνειν, καὶ πλουτῶν βούλομαι καὶ πλουτεῖν,

καὶ ἐπιθυμῶ αὐτῶν τούτων, ἃ ἔχω, εἴποιμεν ἂν αὐτῷ, ὅτι
D Σύ, ὦ ἄνθρωπε, πλοῦτον κεκτημένος καὶ ὑγίειαν καὶ ἰσχὺν
βούλει καὶ εἰς τὸν ἔπειτα χρόνον ταῦτα κεκτῆσθαι, ἐπεὶ
ἐν τῷ γε νῦν παρόντι, εἴτε βούλει εἴτε μή, ἔχεις· σκόπει
οὖν, ὅταν τοῦτο λέγῃς, ὅτι Ἐπιθυμῶ τῶν παρόντων, εἰ
ἄλλο τι λέγεις ἢ τόδε, ὅτι Βούλομαι τὰ νῦν παρόντα καὶ
εἰς τὸν ἔπειτα χρόνον παρεῖναι· ἄλλο τι ὁμολογοῖ ἄν;
Συμφάναι ἔφη τὸν Ἀγάθωνα. εἰπεῖν δὴ τὸν Σωκράτη·
Οὐκοῦν τοῦτό γ᾽ ἐστὶν ἐκείνου ἐρᾶν, ὃ οὔπω ἕτοιμον αὐτῷ
ἐστιν οὐδὲ ἔχει, τὸ εἰς τὸν ἔπειτα χρόνον ταῦτα εἶναι αὐτῷ
E σῳζόμενα καὶ παρόντα; Πάνυ γε, φάναι. Καὶ οὗτος ἄρα
καὶ ἄλλος πᾶς ὁ ἐπιθυμῶν τοῦ μὴ ἑτοίμου ἐπιθυμεῖ καὶ τοῦ
μὴ παρόντος, καὶ ὃ μὴ ἔχει καὶ ὃ μὴ ἔστιν αὐτὸς καὶ οὗ
ἐνδεής ἐστι, τοιαῦτ᾽ ἄττα ἐστίν, ὧν ἡ ἐπιθυμία τε καὶ ὁ ἔρως
ἐστίν; Πάνυ γ᾽, εἰπεῖν.

Ἴθι δή, φάναι τὸν Σωκράτη, ἀνομολογησώμεθα τὰ εἰρη-
μένα. ἄλλο τι ἔστιν ὁ Ἔρως πρῶτον μὲν τινῶν, ἔπειτα τού-
201 των, ὧν ἂν ἔνδεια παρῇ αὐτῷ; Ναί, φάναι.

Ἐπὶ δὴ τούτοις ἀναμνήσθητι, τίνων ἔφησθα ἐν τῷ λόγῳ
εἶναι τὸν Ἔρωτα· εἰ δὲ βούλει, ἐγώ σε ἀναμνήσω. οἶμαι
γάρ σε οὑτωσί πως εἰπεῖν, ὅτι τοῖς θεοῖς κατεσκευάσθη τὰ
πράγματα δι᾽ ἔρωτα καλῶν· αἰσχρῶν γὰρ οὐκ εἴη ἔρως. οὐχ
οὑτωσί πως ἔλεγες; Εἶπον γάρ, φάναι τὸν Ἀγάθωνα. Καὶ
ἐπιεικῶς γε λέγεις, ὦ ἑταῖρε, φάναι τὸν Σωκράτη· καὶ εἰ
τοῦτο οὕτως ἔχει, ἄλλο τι ὁ Ἔρως κάλλους ἂν εἴη ἔρως,
B αἴσχους δ᾽ οὔ; Ὡμολόγει. Οὐκοῦν ὡμολόγηται, οὗ ἐνδεής
ἐστι καὶ μὴ ἔχει, τούτου ἐρᾶν; Ναί, εἰπεῖν. Ἐνδεὴς ἄρ᾽ ἐστὶ
καὶ οὐκ ἔχει ὁ Ἔρως κάλλος. Ἀνάγκη, φάναι. Τί δέ; τὸ
ἐνδεὲς κάλλους καὶ μηδαμῇ κεκτημένον κάλλος ἆρα λέγεις
σὺ καλὸν εἶναι; Οὐ δῆτα. Ἔτι οὖν ὁμολογεῖς Ἔρωτα καλὸν
εἶναι, εἰ ταῦτα οὕτως ἔχει; καὶ τὸν Ἀγάθωνα εἰπεῖν· Κιν-

δυνεύω, ὦ Σώκρατες, οὐδὲν εἰδέναι, ὧν τότε εἶπον. Καὶ μὴν C
καλῶς γε εἶπες, φάναι, ὦ Ἀγάθων. ἀλλὰ σμικρὸν ἔτι εἰπέ· τἀγαθὰ οὐ καὶ καλὰ δοκεῖ σοι εἶναι; Ἔμοιγε. Εἰ ἄρα ὁ Ἔρως τῶν καλῶν ἐνδεής ἐστι, τὰ δὲ ἀγαθὰ καλά, κἂν τῶν ἀγαθῶν ἐνδεὴς εἴη. Ἐγώ, φάναι, ὦ Σώκρατες, σοὶ οὐκ ἂν δυναίμην ἀντιλέγειν, ἀλλ' οὕτως ἐχέτω, ὡς σὺ λέγεις. Οὐ μὲν οὖν τῇ ἀληθείᾳ, φάναι, ὦ φιλούμενε Ἀγάθων, δύνασαι ἀντιλέγειν, ἐπεὶ Σωκράτει γε οὐδὲν χαλεπόν.

XI. Die Rede des Sokrates

XXII. Καὶ σὲ μέν γε ἤδη ἐάσω· τὸν δὲ λόγον τὸν περὶ D
τοῦ Ἔρωτος, ὅν ποτ' ἤκουσα γυναικὸς Μαντινικῆς Διοτίμας, ἣ ταῦτά τε σοφὴ ἦν καὶ ἄλλα πολλά, καὶ Ἀθηναίοις ποτὲ θυσαμένοις πρὸ τοῦ λοιμοῦ δέκα ἔτη ἀναβολὴν ἐποίησε τῆς νόσου, ἣ δὴ καὶ ἐμὲ τὰ ἐρωτικὰ ἐδίδαξεν, — ὃν οὖν ἐκείνη ἔλεγε λόγον, πειράσομαι ὑμῖν διελθεῖν ἐκ τῶν ὡμολογημένων ἐμοὶ καὶ Ἀγάθωνι, αὐτὸς ἐπ' ἐμαυτοῦ, ὅπως ἂν δύνωμαι. δεῖ δή, ὦ Ἀγάθων, ὥσπερ σὺ διηγήσω, διελθεῖν αὐτὸν πρῶτον, τίς ἐστιν ὁ Ἔρως καὶ ποῖός τις, ἔπειτα τὰ ἔργα αὐτοῦ. E

Δοκεῖ οὖν μοι ῥᾷστον εἶναι οὕτω διελθεῖν, ὥς ποτέ με ἡ ξένη ἀνακρίνουσα διῄει. σχεδὸν γάρ τι καὶ ἐγὼ πρὸς αὐτὴν ἕτερα τοιαῦτα ἔλεγον, οἷάπερ νῦν πρὸς ἐμὲ Ἀγάθων, ὡς εἴη ὁ Ἔρως μέγας θεός, εἴη δὲ τῶν καλῶν· ἤλεγχε δή με τούτοις τοῖς λόγοις, οἷσπερ ἐγὼ τοῦτον, ὡς οὔτε καλὸς εἴη κατὰ τὸν ἐμὸν λόγον οὔτε ἀγαθός. καὶ ἐγώ· Πῶς λέγεις, ἔφην, ὦ Διοτίμα; αἰσχρὸς ἄρα ὁ Ἔρως ἐστὶ καὶ κακός; καὶ ἥ· Οὐκ εὐφημήσεις; ἔφη· ἢ οἴει, ὅ τι ἂν μὴ καλὸν ᾖ, ἀναγκαῖον
αὐτὸ εἶναι αἰσχρόν; Μάλιστά γε. Ἦ καί, ἂν μὴ σοφόν, ἀμα- 202
θές; ἢ οὐκ ᾔσθησαι, ὅτι ἔστιν τι μεταξὺ σοφίας καὶ ἀμαθίας; Τί τοῦτο; Τὸ ὀρθὰ δοξάζειν καὶ ἄνευ τοῦ ἔχειν λόγον δοῦναι οὐκ οἶσθ', ἔφη, ὅτι οὔτε ἐπίστασθαί ἐστιν — ἄλογον γὰρ

πρᾶγμα πῶς ἂν εἴη ἐπιστήμη; — οὔτε ἀμαθία; τὸ γὰρ τοῦ
ὄντος τυγχάνον πῶς ἂν εἴη ἀμαθία; ἔστι δὲ δήπου τοιοῦτον
ἡ ὀρθὴ δόξα, μεταξὺ φρονήσεως καὶ ἀμαθίας. Ἀληθῆ, ἦν δ'
B ἐγώ, λέγεις. Μὴ τοίνυν ἀνάγκαζε, ὃ μὴ καλόν ἐστιν, αἰσχρὸν
εἶναι, μηδὲ ὃ μὴ ἀγαθόν, κακόν. οὕτω δὲ καὶ τὸν Ἔρωτα,
ἐπειδὴ αὐτὸς ὁμολογεῖς μὴ εἶναι ἀγαθὸν μηδὲ καλόν, μηδέν
τι μᾶλλον οἴου δεῖν αὐτὸν αἰσχρὸν καὶ κακὸν εἶναι, ἀλλά τι
μεταξύ, ἔφη, τούτοιν.

Καὶ μήν, ἦν δ' ἐγώ, ὁμολογεῖταί γε παρὰ πάντων μέγας
θεὸς εἶναι. Τῶν μὴ εἰδότων, ἔφη, πάντων λέγεις, ἢ καὶ τῶν
εἰδότων; Συμπάντων μὲν οὖν. καὶ ἣ γελάσασα· Καὶ πῶς ἄν,
C ἔφη, ὦ Σώκρατες, ὁμολογοῖτο μέγας θεὸς εἶναι παρὰ τού-
των, οἵ φασιν αὐτὸν οὐδὲ θεὸν εἶναι; Τίνες οὗτοι; ἦν δ' ἐγώ.
Εἷς μέν, ἔφη, σύ, μία δ' ἐγώ. κἀγὼ εἶπον· Πῶς τοῦτο, ἔφην,
λέγεις; καὶ ἥ· Ῥᾳδίως, ἔφη. λέγε γάρ μοι, οὐ πάντας θεοὺς
φῂς εὐδαίμονας εἶναι καὶ καλούς; ἢ τολμήσαις ἄν τινα μὴ
φάναι καλόν τε καὶ εὐδαίμονα θεῶν εἶναι; Μὰ Δί' οὐκ ἔγωγ',
ἔφην. Εὐδαίμονας δὲ δὴ λέγεις οὐ τοὺς τἀγαθὰ καὶ τὰ καλὰ
D κεκτημένους; Πάνυ γε. Ἀλλὰ μὴν Ἔρωτά γε ὡμολόγηκας
δι' ἔνδειαν τῶν ἀγαθῶν καὶ καλῶν ἐπιθυμεῖν αὐτῶν τούτων,
ὧν ἐνδεής ἐστιν. Ὡμολόγηκα γάρ. Πῶς ἂν οὖν θεὸς εἴη ὅ
γε τῶν καλῶν καὶ ἀγαθῶν ἄμοιρος; Οὐδαμῶς, ὥς γ' ἔοικεν.
Ὁρᾷς οὖν, ἔφη, ὅτι καὶ σὺ Ἔρωτα οὐ θεὸν νομίζεις;

XXIII. Τί οὖν ἄν, ἔφην, εἴη ὁ Ἔρως; θνητός; Ἥκιστά
γε. Ἀλλὰ τί μήν; Ὥσπερ τὰ πρότερα, ἔφη, μεταξὺ θνητοῦ
καὶ ἀθανάτου. Τί οὖν, ὦ Διοτίμα; Δαίμων μέγας, ὦ Σώ-
E κρατες· καὶ γὰρ πᾶν τὸ δαιμόνιον μεταξύ ἐστι θεοῦ τε καὶ
θνητοῦ. Τίνα, ἦν δ' ἐγώ, δύναμιν ἔχον; Ἑρμηνεῦον καὶ δια-
πορθμεῦον θεοῖς τὰ παρ' ἀνθρώπων καὶ ἀνθρώποις τὰ παρὰ
θεῶν, τῶν μὲν τὰς δεήσεις καὶ θυσίας, τῶν δὲ τὰς ἐπιτάξεις
τε καὶ ἀμοιβὰς τῶν θυσιῶν, ἐν μέσῳ δὲ ὂν ἀμφοτέρων

συμπληροῖ, ὥστε τὸ πᾶν αὐτὸ αὑτῷ συνδεδέσθαι. διὰ τούτου
καὶ ἡ μαντικὴ πᾶσα χωρεῖ καὶ ἡ τῶν ἱερέων τέχνη τῶν τε
περί τὰς θυσίας καὶ τὰς τελετὰς καὶ τὰς ἐπῳδὰς καὶ τὴν 203
μαντείαν πᾶσαν καὶ γοητείαν. θεὸς δὲ ἀνθρώπῳ οὐ μείγνυται, ἀλλὰ διὰ τούτου πᾶσά ἐστιν ἡ ὁμιλία καὶ ἡ διάλεκτος θεοῖς πρὸς ἀνθρώπους, καὶ ἐγρηγορόσι καὶ καθεύδουσι· καὶ ὁ μὲν περὶ τὰ τοιαῦτα σοφὸς δαιμόνιος ἀνήρ, ὁ δὲ ἄλλο τι σοφὸς ὤν, ἢ περὶ τέχνας ἢ χειρουργίας τινάς, βάναυσος. οὗτοι δὴ οἱ δαίμονες πολλοὶ καὶ παντοδαποί εἰσιν, εἷς δὲ τούτων ἐστὶ καὶ ὁ Ἔρως.

Πατρὸς δέ, ἦν δ' ἐγώ, τίνος ἐστὶ καὶ μητρός; Μακρότερον
μέν, ἔφη, διηγήσασθαι· ὅμως δέ σοι ἐρῶ. ὅτε γὰρ ἐγένετο B
ἡ Ἀφροδίτη, εἱστιῶντο οἱ θεοί, οἵ τε ἄλλοι καὶ ὁ τῆς Μήτιδος υἱὸς Πόρος. ἐπειδὴ δὲ ἐδείπνησαν, προσαιτήσουσα, οἷον δὴ εὐωχίας οὔσης, ἀφίκετο ἡ Πενία, καὶ ἦν περὶ τὰς θύρας. ὁ οὖν Πόρος μεθυσθεὶς τοῦ νέκταρος — οἶνος γὰρ οὔπω ἦν — εἰς τὸν τοῦ Διὸς κῆπον εἰσελθὼν βεβαρημένος ηὗδεν. ἡ οὖν Πενία ἐπιβουλεύουσα διὰ τὴν αὑτῆς ἀπορίαν παιδίον ποιήσασθαι ἐκ τοῦ Πόρου, κατακλίνεταί τε παρ'
αὐτῷ καὶ ἐκύησε τὸν Ἔρωτα. διὸ δὴ καὶ τῆς Ἀφροδίτης C
ἀκόλουθος καὶ θεράπων γέγονεν ὁ Ἔρως, γεννηθεὶς ἐν τοῖς ἐκείνης γενεθλίοις καὶ ἅμα φύσει ἐραστὴς ὢν περὶ τὸ καλόν, καὶ τῆς Ἀφροδίτης καλῆς οὔσης.

Ἅτε οὖν Πόρου καὶ Πενίας υἱὸς ὢν ὁ Ἔρως ἐν τοιαύτῃ τύχῃ καθέστηκεν. πρῶτον μὲν πένης ἀεί ἐστι, καὶ πολλοῦ δεῖ ἁπαλός τε καὶ καλός, οἷον οἱ πολλοὶ οἴονται, ἀλλὰ
σκληρὸς καὶ αὐχμηρὸς καὶ ἀνυπόδητος καὶ ἄοικος, χαμαι- D
πετὴς ἀεὶ ὢν καὶ ἄστρωτος, ἐπὶ θύραις καὶ ἐν ὁδοῖς ὑπαίθριος κοιμώμενος, τὴν τῆς μητρὸς φύσιν ἔχων, ἀεὶ ἐνδείᾳ σύνοικος. κατὰ δὲ αὖ τὸν πατέρα ἐπίβουλός ἐστι τοῖς καλοῖς καὶ τοῖς ἀγαθοῖς, ἀνδρεῖος ὢν καὶ ἴτης καὶ σύντονος, θη-

ρευτὴς δεινός, ἀεί τινας πλέκων μηχανάς, καὶ φρονήσεως
ἐπιθυμητὴς καὶ πόριμος, φιλοσοφῶν διὰ παντὸς τοῦ βίου,
δεινὸς γόης καὶ φαρμακεὺς καὶ σοφιστής· καὶ οὔτε ὡς
E ἀθάνατος πέφυκεν οὔτε ὡς θνητός, ἀλλὰ τοτὲ μὲν τῆς αὐτῆς
ἡμέρας θάλλει τε καὶ ζῇ, τοτὲ δὲ ἀποθνῄσκει, πάλιν δὲ
ἀναβιώσκεται, ὅταν εὐπορήσῃ διὰ τὴν τοῦ πατρὸς φύσιν, τὸ
δὲ ποριζόμενον ἀεὶ ὑπεκρεῖ· ὥστε οὔτε ἀπορεῖ Ἔρως ποτὲ
οὔτε πλουτεῖ.

Σοφίας τε αὖ καὶ ἀμαθίας ἐν μέσῳ ἐστίν. ἔχει γὰρ ὧδε.
204 θεῶν οὐδεὶς φιλοσοφεῖ οὐδ᾽ ἐπιθυμεῖ σοφὸς γενέσθαι —
ἔστι γάρ —, οὐδ᾽ εἴ τις ἄλλος σοφός, οὐ φιλοσοφεῖ. οὐδ᾽ αὖ
οἱ ἀμαθεῖς φιλοσοφοῦσιν οὐδ᾽ ἐπιθυμοῦσι σοφοὶ γενέσθαι·
αὐτὸ γὰρ τοῦτό ἐστι χαλεπὸν ἀμαθία, τὸ μὴ ὄντα καλὸν
κἀγαθὸν μηδὲ φρόνιμον δοκεῖν αὑτῷ εἶναι ἱκανόν· οὔκουν
ἐπιθυμεῖ ὁ μὴ οἰόμενος ἐνδεὴς εἶναι, οὗ ἂν μὴ οἴηται ἐπι-
δεῖσθαι. Τίνες οὖν, ἔφην ἐγώ, ὦ Διοτίμα, οἱ φιλοσοφοῦντες,
B εἰ μήτε οἱ σοφοὶ μήτε οἱ ἀμαθεῖς; Δῆλον δή, ἔφη, τοῦτό γε
ἤδη καὶ παιδί, ὅτι οἱ μεταξὺ τούτων ἀμφοτέρων, ὧν ἂν εἴη
καὶ ὁ Ἔρως. ἔστι γὰρ δὴ τῶν καλλίστων ἡ σοφία, Ἔρως
δ᾽ ἐστὶν ἔρως περὶ τὸ καλόν, ὥστε ἀναγκαῖον Ἔρωτα φιλό-
σοφον εἶναι, φιλόσοφον δὲ ὄντα μεταξὺ εἶναι σοφοῦ καὶ
ἀμαθοῦς. αἰτία δ᾽ αὐτῷ καὶ τούτων ἡ γένεσις· πατρὸς μὲν
γὰρ σοφοῦ ἐστι καὶ εὐπόρου, μητρὸς δὲ οὐ σοφῆς καὶ ἀπόρου.
ἡ μὲν οὖν φύσις τοῦ δαίμονος, ὦ φίλε Σώκρατες, αὕτη· ὃν
C δὲ σὺ ᾠήθης Ἔρωτα εἶναι, θαυμαστὸν οὐδὲν ἔπαθες.
ᾠήθης δέ, ὡς ἐμοὶ δοκεῖ τεκμαιρομένῃ, ἐξ ὧν σὺ λέγεις, τὸ
ἐρώμενον Ἔρωτα εἶναι, οὐ τὸ ἐρῶν. διὰ ταῦτά σοι, οἶμαι,
πάγκαλος ἐφαίνετο ὁ Ἔρως. καὶ γὰρ ἔστι τὸ ἐραστὸν τὸ
τῷ ὄντι καλὸν καὶ ἁβρὸν καὶ τέλεον καὶ μακαριστόν· τὸ δέ
γε ἐρῶν ἄλλην ἰδέαν τοιαύτην ἔχον, οἵαν ἐγὼ διῆλθον.

XXIV. Καὶ ἐγὼ εἶπον· Εἶεν δή, ὦ ξένη· καλῶς γὰρ λέγεις· τοιοῦτος ὢν ὁ Ἔρως τίνα χρείαν ἔχει τοῖς ἀνθρώποις; Τοῦτο δὴ μετὰ ταῦτ', ἔφη, ὦ Σώκρατες, πειράσομαί σε διδάξαι. D
ἔστι μὲν γὰρ δὴ τοιοῦτος καὶ οὕτω γεγονὼς ὁ Ἔρως, ἔστι δὲ τῶν καλῶν, ὡς σὺ φῄς. εἰ δέ τις ἡμᾶς ἔροιτο· Τί τῶν καλῶν ἐστιν ὁ Ἔρως, ὦ Σώκρατές τε καὶ Διοτίμα; — ὧδε δὲ σαφέστερον· Ἐρᾷ ὁ ἐρῶν τῶν καλῶν· τί ἐρᾷ; καὶ ἐγὼ εἶπον, ὅτι Γενέσθαι αὑτῷ. Ἀλλ' ἔτι ποθεῖ, ἔφη, ἡ ἀπόκρισις ἐρώτησιν τοιάνδε· Τί ἔσται ἐκείνῳ, ᾧ ἂν γένηται τὰ καλά; Οὐ πάνυ ἔφην ἔτι ἔχειν ἐγὼ πρὸς ταύτην τὴν ἐρώτησιν προχείρως ἀποκρίνασθαι. Ἀλλ', ἔφη, ὥσπερ ἂν εἴ τις μεταβαλὼν ἀντὶ E
τοῦ καλοῦ τῷ ἀγαθῷ χρώμενος πυνθάνοιτο· Φέρε, ὦ Σώκρατες, ἐρᾷ ὁ ἐρῶν τῶν ἀγαθῶν· τί ἐρᾷ; Γενέσθαι, ἦν δ' ἐγώ, αὑτῷ. Καὶ τί ἔσται ἐκείνῳ, ᾧ ἂν γένηται τἀγαθά; Τοῦτ' εὐπορώτερον, ἦν δ' ἐγώ, ἔχω ἀποκρίνασθαι, ὅτι Εὐδαίμων ἔσται. Κτήσει γάρ, ἔφη, ἀγαθῶν οἱ εὐδαίμονες εὐδαί- 205
μονες, καὶ οὐκέτι προσδεῖ ἐρέσθαι· Ἵνα τί δὲ βούλεται εὐδαίμων εἶναι ὁ βουλόμενος; ἀλλὰ τέλος δοκεῖ ἔχειν ἡ ἀπόκρισις. Ἀληθῆ λέγεις, εἶπον ἐγώ. Ταύτην δὲ τὴν βούλησιν καὶ τὸν ἔρωτα τοῦτον πότερα κοινὸν οἴει εἶναι πάντων ἀνθρώπων, καὶ πάντας τἀγαθὰ βούλεσθαι αὑτοῖς εἶναι ἀεί, ἢ πῶς λέγεις; Οὕτως, ἦν δ' ἐγώ· κοινὸν εἶναι πάντων.

Τί δὴ οὖν, ἔφη, ὦ Σώκρατες, οὐ πάντας ἐρᾶν φαμεν, εἴπερ γε πάντες τῶν αὐτῶν ἐρῶσι καὶ ἀεί, ἀλλά τινάς φαμεν B
ἐρᾶν, τοὺς δ' οὔ; Θαυμάζω, ἦν δ' ἐγώ, καὶ αὐτός. Ἀλλὰ μὴ θαύμαζ', ἔφη· ἀφελόντες γὰρ τοῦ ἔρωτός τι εἶδος ὀνομάζομεν, τὸ τοῦ ὅλου ἐπιτιθέντες ὄνομα, ἔρωτα, τὰ δὲ ἄλλα ἄλλοις καταχρώμεθα ὀνόμασιν. Ὥσπερ τί; ἦν δ' ἐγώ. Ὥσπερ τόδε. οἶσθ', ὅτι ποίησίς ἐστί τι πολύ· ἡ γάρ τοι ἐκ τοῦ μὴ ὄντος εἰς τὸ ὂν ἰόντι ὁτῳοῦν αἰτία πᾶσά ἐστι ποίησις, ὥστε καὶ αἱ ὑπὸ πάσαις ταῖς τέχναις ἐργασίαι ποιή- C

σεις εἰσὶ καὶ οἱ τούτων δημιουργοὶ πάντες ποιηταί. Ἀληθῆ
λέγεις. Ἀλλ' ὅμως, ἦ δ' ἥ, οἶσθ' ὅτι οὐ καλοῦνται ποιηταί,
ἀλλὰ ἄλλα ἔχουσιν ὀνόματα· ἀπὸ δὲ πάσης τῆς ποιήσεως ἓν
μόριον ἀφορισθέν, τὸ περὶ τὴν μουσικὴν καὶ τὰ μέτρα, τῷ
τοῦ ὅλου ὀνόματι προσαγορεύεται. ποίησις γὰρ τοῦτο μόνον
καλεῖται, καὶ οἱ ἔχοντες τοῦτο τὸ μόριον τῆς ποιήσεως ποιη-
D ταί. Ἀληθῆ λέγεις, ἔφην. Οὕτω τοίνυν καὶ περὶ τὸν ἔρωτα.
τὸ μὲν κεφάλαιόν ἐστι πᾶσα ἡ τῶν ἀγαθῶν ἐπιθυμία καὶ τοῦ
εὐδαιμονεῖν· ἀλλ' οἱ μὲν ἄλλῃ τρεπόμενοι πολλαχῇ ἐπ' αὐτόν,
ἢ κατὰ χρηματισμὸν ἢ κατὰ φιλογυμναστίαν ἢ κατὰ φιλο-
σοφίαν, οὔτ' ἐρᾶν καλοῦνται οὔτ' ἐρασταί, οἱ δὲ κατὰ ἕν τι
εἶδος ἰόντες τε καὶ ἐσπουδακότες τὸ τοῦ ὅλου ὄνομα ἴσχουσιν,
ἔρωτά τε καὶ ἐρᾶν καὶ ἐρασταί. Κινδυνεύεις ἀληθῆ, ἔφην
ἐγώ, λέγειν.

Καὶ λέγεται μέν γέ τις, ἔφη, λόγος, ὡς, οἳ ἂν τὸ ἥμισυ
E ἑαυτῶν ζητῶσιν, οὗτοι ἐρῶσιν· ὁ δ' ἐμὸς λόγος οὔτε ἡμίσεός
φησιν εἶναι τὸν ἔρωτα οὔτε ὅλου, ἐὰν μὴ τυγχάνῃ γέ που,
ὦ ἑταῖρε, ἀγαθὸν ὄν, ἐπεὶ αὑτῶν γε καὶ πόδας καὶ χεῖρας
ἐθέλουσιν ἀποτέμνεσθαι οἱ ἄνθρωποι, ἐὰν αὐτοῖς δοκῇ τὰ
ἑαυτῶν πονηρὰ εἶναι. οὐ γὰρ τὸ ἑαυτῶν, οἶμαι, ἕκαστοι
ἀσπάζονται, εἰ μὴ εἴ τις τὸ μὲν ἀγαθὸν οἰκεῖον καλεῖ καὶ
ἑαυτοῦ, τὸ δὲ κακὸν ἀλλότριον· ὡς οὐδέν γε ἄλλο ἐστίν, οὗ
206 ἐρῶσιν ἄνθρωποι, ἢ τοῦ ἀγαθοῦ· ἢ σοὶ δοκοῦσιν; Μὰ Δί'
οὐκ ἔμοιγε, ἦν δ' ἐγώ. Ἆρ' οὖν, ἦ δ' ἥ, οὕτως ἁπλοῦν ἐστι
λέγειν, ὅτι οἱ ἄνθρωποι τἀγαθοῦ ἐρῶσιν; Ναί, ἔφην. Τί δέ;
οὐ προσθετέον, ἔφη, ὅτι καὶ εἶναι τὸ ἀγαθὸν αὑτοῖς ἐρῶσιν;
Προσθετέον. Ἆρ' οὖν, ἔφη, καὶ οὐ μόνον εἶναι, ἀλλὰ καὶ
ἀεὶ εἶναι; Καὶ τοῦτο προσθετέον. Ἔστιν ἄρα συλλήβδην,
ἔφη, ὁ ἔρως τοῦ τὸ ἀγαθὸν αὑτῷ εἶναι ἀεί. Ἀληθέστατα,
ἔφην ἐγώ, λέγεις.

XXV. Ὅτε δὴ τούτου ὁ ἔρως ἐστίν, ἦ δ' ἥ, τῶν τίνα B
τρόπον διωκόντων αὐτὸ καὶ ἐν τίνι πράξει ἡ σπουδὴ καὶ ἡ
σύντασις ἔρως ἂν καλοῖτο; τί τοῦτο τυγχάνει ὂν τὸ ἔργον;
ἔχεις εἰπεῖν; Οὐ μεντἂν σέ, ἔφην ἐγώ, ὦ Διοτίμα, ἐθαύμαζον
ἐπὶ σοφίᾳ καὶ ἐφοίτων παρὰ σὲ αὐτὰ ταῦτα μαθησόμενος.
Ἀλλ' ἐγώ σοι, ἔφη, ἐρῶ. ἔστι γὰρ τοῦτο τόκος ἐν καλῷ καὶ
κατὰ τὸ σῶμα καὶ κατὰ τὴν ψυχήν. Μαντείας, ἦν δ' ἐγώ,
δεῖται, ὅ τί ποτε λέγεις, καὶ οὐ μανθάνω. Ἀλλ' ἐγώ, ἦ δ' ἥ, C
σαφέστερον ἐρῶ. κυοῦσι γάρ, ἔφη, ὦ Σώκρατες, πάντες ἄν-
θρωποι καὶ κατὰ τὸ σῶμα καὶ κατὰ τὴν ψυχήν, καὶ ἐπειδὰν
ἔν τινι ἡλικίᾳ γένωνται, τίκτειν ἐπιθυμεῖ ἡμῶν ἡ φύσις.
τίκτειν δὲ ἐν μὲν αἰσχρῷ οὐ δύναται, ἐν δὲ τῷ καλῷ. ἡ γὰρ
ἀνδρὸς καὶ γυναικὸς συνουσία τόκος ἐστίν. ἔστι δὲ τοῦτο
θεῖον τὸ πρᾶγμα, καὶ τοῦτο ἐν θνητῷ ὄντι τῷ ζῴῳ ἀθάνατον
ἔνεστιν, ἡ κύησις καὶ ἡ γέννησις. τὰ δ' ἐν τῷ ἀναρμόστῳ
ἀδύνατον γενέσθαι. ἀνάρμοστον δ' ἐστὶ τὸ αἰσχρὸν παντὶ D
τῷ θείῳ, τὸ δὲ καλὸν ἁρμόττον. Μοῖρα οὖν καὶ Εἰλείθυια ἡ
Καλλονή ἐστι τῇ γενέσει. διὰ ταῦτα, ὅταν μὲν καλῷ
προσπελάζῃ τὸ κυοῦν, ἵλεών τε γίγνεται καὶ εὐφραινόμενον
διαχεῖται καὶ τίκτει τε καὶ γεννᾷ· ὅταν δὲ αἰσχρῷ, σκυθρω-
πόν τε καὶ λυπούμενον συσπειρᾶται καὶ ἀποτρέπεται καὶ
ἀνείλλεται καὶ οὐ γεννᾷ, ἀλλὰ ἴσχον τὸ κύημα χαλεπῶς φέρει.
ὅθεν δὴ τῷ κυοῦντί τε καὶ ἤδη σπαργῶντι πολλὴ ἡ πτοίησις
γέγονε περὶ τὸ καλὸν διὰ τὸ μεγάλης ὠδῖνος ἀπολύειν τὸν E
ἔχοντα. ἔστι γάρ, ὦ Σώκρατες, ἔφη, οὐ τοῦ καλοῦ ὁ ἔρως,
ὡς σὺ οἴει. Ἀλλὰ τί μήν; Τῆς γεννήσεως καὶ τοῦ τόκου ἐν
τῷ καλῷ. Εἶεν, ἦν δ' ἐγώ. Πάνυ μὲν οὖν, ἔφη. τί δὴ οὖν τῆς
γεννήσεως; ὅτι ἀειγενές ἐστι καὶ ἀθάνατον ὡς θνητῷ ἡ γέν-
νησις. ἀθανασίας δὲ ἀναγκαῖον ἐπιθυμεῖν μετὰ ἀγαθοῦ ἐκ 207
τῶν ὡμολογημένων, εἴπερ τοῦ ἀγαθοῦ ἑαυτῷ εἶναι ἀεὶ ὁ
ἔρως ἐστίν. ἀναγκαῖον δὴ ἐκ τούτου τοῦ λόγου καὶ τῆς ἀθα-
νασίας τὸν ἔρωτα εἶναι.

XXVI. Ταῦτά τε οὖν πάντα ἐδίδασκέ με, ὁπότε περὶ τῶν ἐρωτικῶν λόγους ποιοῖτο, καί ποτε ἤρετο· Τί οἴει, ὦ Σώκρατες, αἴτιον εἶναι τούτου τοῦ ἔρωτος καὶ τῆς ἐπιθυμίας; ἢ οὐκ αἰσθάνῃ, ὡς δεινῶς διατίθεται πάντα τὰ θηρία, ἐπειδὰν γεννᾶν ἐπιθυμήσῃ, καὶ τὰ πεζὰ καὶ τὰ πτηνά, νοσοῦντά τε
B πάντα καὶ ἐρωτικῶς διατιθέμενα, πρῶτον μὲν περὶ τὸ συμμιγῆναι ἀλλήλοις, ἔπειτα περὶ τὴν τροφὴν τοῦ γενομένου, καὶ ἕτοιμά ἐστιν ὑπὲρ τούτων καὶ διαμάχεσθαι, τὰ ἀσθενέστατα τοῖς ἰσχυροτάτοις, καὶ ὑπεραποθνῄσκειν, καὶ αὐτὰ τῷ λιμῷ παρατεινόμενα, ὥστ᾿ ἐκεῖνα ἐκτρέφειν, καὶ ἄλλο πᾶν ποιοῦντα; τοὺς μὲν γὰρ ἀνθρώπους, ἔφη, οἴοιτ᾿ ἄν τις ἐκ λογισμοῦ ταῦτα ποιεῖν· τὰ δὲ θηρία τίς αἰτία οὕτως ἐρωτικῶς
C διατίθεσθαι; ἔχεις λέγειν; καὶ ἐγὼ αὖ ἔλεγον, ὅτι οὐκ εἰδείην· ἣ δ᾿ εἶπεν· Διανοῇ οὖν δεινός ποτε γενήσεσθαι τὰ ἐρωτικά, ἐὰν ταῦτα μὴ ἐννοῇς; Ἀλλὰ διὰ ταῦτά τοι, ὦ Διοτίμα, ὅπερ νυνδὴ εἶπον, παρὰ σὲ ἥκω, γνούς, ὅτι διδασκάλων δέομαι. ἀλλά μοι λέγε καὶ τούτων τὴν αἰτίαν καὶ τῶν ἄλλων τῶν περὶ τὰ ἐρωτικά.

Εἰ τοίνυν, ἔφη, πιστεύεις ἐκείνου εἶναι φύσει τὸν ἔρωτα, οὗ πολλάκις ὡμολογήκαμεν, μὴ θαύμαζε. ἐνταῦθα γὰρ τὸν
D αὐτὸν ἐκείνῳ λόγον ἡ θνητὴ φύσις ζητεῖ κατὰ τὸ δυνατὸν ἀεί τε εἶναι καὶ ἀθάνατος. δύναται δὲ ταύτῃ μόνον, ὅτι ἀεὶ καταλείπει ἕτερον νέον ἀντὶ τοῦ παλαιοῦ· ἐπεὶ καὶ ἐν ᾧ ἓν ἕκαστον τῶν ζῴων ζῆν καλεῖται καὶ εἶναι τὸ αὐτό, οἷον ἐκ παιδαρίου ὁ αὐτὸς λέγεται, ἕως ἂν πρεσβύτης γένηται — οὗτος μέντοι οὐδέποτε τὰ αὐτὰ ἔχων ἐν αὑτῷ ὅμως ὁ αὐτὸς καλεῖται, ἀλλὰ νέος ἀεὶ γιγνόμενος, τὰ δὲ ἀπολλύς, καὶ κατὰ
E τὰς τρίχας καὶ σάρκα καὶ ὀστᾶ καὶ αἷμα καὶ σύμπαν τὸ σῶμα. καὶ μὴ ὅτι κατὰ τὸ σῶμα, ἀλλὰ καὶ κατὰ τὴν ψυχὴν οἱ τρόποι, τὰ ἤθη, δόξαι, ἐπιθυμίαι, ἡδοναί, λῦπαι, φόβοι, τούτων ἕκαστα οὐδέποτε τὰ αὐτὰ πάρεστιν ἑκάστῳ, ἀλλὰ τὰ μὲν

γίγνεται, τὰ δὲ ἀπόλλυται. πολὺ δὲ τούτων ἀτοπώτερον ἔτι,
ὅτι καὶ αἱ ἐπιστῆμαι μὴ ὅτι αἱ μὲν γίγνονται, αἱ δὲ ἀπόλλυνται 208
ἡμῖν, καὶ οὐδέποτε οἱ αὐτοί ἐσμεν οὐδὲ κατὰ τὰς ἐπιστήμας,
ἀλλὰ καὶ μία ἑκάστη τῶν ἐπιστημῶν ταὐτὸν πάσχει. ὃ γὰρ
καλεῖται μελετᾶν, ὡς ἐξιούσης ἐστὶ τῆς ἐπιστήμης· λήθη γὰρ
ἐπιστήμης ἔξοδος, μελέτη δὲ πάλιν καινὴν ἐμποιοῦσα ἀντὶ
τῆς ἀπιούσης μνήμην σῴζει τὴν ἐπιστήμην, ὥστε τὴν αὐτὴν
δοκεῖν εἶναι. τούτῳ γὰρ τῷ τρόπῳ πᾶν τὸ θνητὸν σῴζεται, οὐ
τῷ παντάπασι τὸ αὐτὸ ἀεὶ εἶναι ὥσπερ τὸ θεῖον, ἀλλὰ τῷ τὸ
ἀπιὸν καὶ παλαιούμενον ἕτερον νέον ἐγκαταλείπειν, οἷον B
αὐτὸ ἦν. ταύτῃ τῇ μηχανῇ, ὦ Σώκρατες, ἔφη, θνητὸν ἀθανα-
σίας μετέχει, καὶ σῶμα καὶ τἆλλα πάντα· ἀδύνατον δὲ ἄλλῃ.
μὴ οὖν θαύμαζε, εἰ τὸ αὑτοῦ ἀποβλάστημα φύσει πᾶν τιμᾷ·
ἀθανασίας γὰρ χάριν παντὶ αὕτη ἡ σπουδὴ καὶ ὁ ἔρως ἕπεται.

XXVII. Καὶ ἐγὼ ἀκούσας τὸν λόγον ἐθαύμασά τε καὶ
εἶπον· Εἶεν, ἦν δ᾽ ἐγώ, ὦ σοφωτάτη Διοτίμα, ταῦτα ὡς
ἀληθῶς οὕτως ἔχει; καὶ ἥ, ὥσπερ οἱ τέλεοι σοφισταί· Εὖ ἴσθι, C
ἔφη, ὦ Σώκρατες· ἐπεί γε καὶ τῶν ἀνθρώπων εἰ ἐθέλεις εἰς
τὴν φιλοτιμίαν βλέψαι, θαυμάζοις ἂν τῆς ἀλογίας, ἃ ἐγὼ
εἴρηκα, εἰ μὴ ἐννοεῖς, ἐνθυμηθείς, ὡς δεινῶς διάκεινται
ἔρωτι τοῦ ὀνομαστοὶ γενέσθαι καὶ κλέος εἰς τὸν ἀεὶ χρόνον
ἀθάνατον καταθέσθαι, καὶ ὑπὲρ τούτου κινδύνους τε κιν-
δυνεύειν ἕτοιμοί εἰσι πάντας ἔτι μᾶλλον ἢ ὑπὲρ τῶν παίδων,
καὶ χρήματα ἀναλίσκειν καὶ πόνους πονεῖν οὑστινασοῦν καὶ D
ὑπεραποθνῄσκειν. ἐπεὶ οἴει σύ, ἔφη, Ἄλκηστιν ὑπὲρ Ἀδμή-
του ἀποθανεῖν ἄν, ἢ Ἀχιλλέα Πατρόκλῳ ἐπαποθανεῖν, ἢ
προαποθανεῖν τὸν ὑμέτερον Κόδρον ὑπὲρ τῆς βασιλείας τῶν
παίδων, μὴ οἰομένους ἀθάνατον μνήμην, ἀρετῆς πέρι, ἑαυ-
τῶν ἔσεσθαι, ἣν νῦν ἡμεῖς ἔχομεν; πολλοῦ γε δεῖ, ἔφη, ἀλλ᾽,
οἶμαι, ὑπὲρ ἀρετῆς ἀθανάτου καὶ τοιαύτης δόξης εὐκλεοῦς

πάντες πάντα ποιοῦσιν, ὅσῳ ἂν ἀμείνους ὦσι, τοσούτῳ μᾶλλον·
E τοῦ γὰρ ἀθανάτου ἐρῶσιν.

Οἱ μὲν οὖν ἐγκύμονες, ἔφη, κατὰ τὰ σώματα ὄντες πρὸς
τὰς γυναῖκας μᾶλλον τρέπονται καὶ ταύτῃ ἐρωτικοί εἰσιν,
διὰ παιδογονίας ἀθανασίαν καὶ μνήμην καὶ εὐδαιμονίαν, ὥς
οἴονται, αὑτοῖς εἰς τὸν ἔπειτα χρόνον πάντα πορίζόμενοι· οἱ
209 δὲ κατὰ τὴν ψυχήν — εἰσὶ γὰρ οὖν, ἔφη, οἳ ἐν ταῖς ψυχαῖς
κυοῦσιν ἔτι μᾶλλον ἢ ἐν τοῖς σώμασιν, ἃ ψυχῇ προσήκει καὶ
κυῆσαι καὶ τεκεῖν· τί οὖν προσήκει; φρόνησίν τε καὶ τὴν
ἄλλην ἀρετήν· ὧν δή εἰσι καὶ οἱ ποιηταὶ πάντες γεννήτορες
καὶ τῶν δημιουργῶν, ὅσοι λέγονται εὑρετικοὶ εἶναι· πολὺ δὲ
μεγίστη, ἔφη, καὶ καλλίστη τῆς φρονήσεως ἡ περὶ τὰς τῶν
πόλεών τε καὶ οἰκήσεων διακοσμήσεις, ᾗ δὴ ὄνομά ἐστι σωφρο-
B σύνη τε καὶ δικαιοσύνη· τούτων αὖ ὅταν τις ἐκ νέου ἐγκύμων
ᾖ τὴν ψυχήν, θεῖος ὤν, καὶ ἡκούσης τῆς ἡλικίας τίκτειν τε
καὶ γεννᾶν ἤδη ἐπιθυμῇ, ζητεῖ δή, οἶμαι, καὶ οὗτος περιιὼν
τὸ καλόν, ἐν ᾧ ἂν γεννήσειεν· ἐν τῷ γὰρ αἰσχρῷ οὐδέποτε
γεννήσει.

Τά τε οὖν σώματα τὰ καλὰ μᾶλλον ἢ τὰ αἰσχρὰ ἀσπάζεται
ἅτε κυῶν, καὶ ἐὰν ἐντύχῃ ψυχῇ καλῇ καὶ γενναίᾳ καὶ εὐφυεῖ,
πάνυ δὴ ἀσπάζεται τὸ συναμφότερον, καὶ πρὸς τοῦτον τὸν
ἄνθρωπον εὐθὺς εὐπορεῖ λόγων περὶ ἀρετῆς, καὶ οἷον χρὴ
C εἶναι τὸν ἄνδρα τὸν ἀγαθὸν καὶ ἃ ἐπιτηδεύειν, καὶ ἐπιχειρεῖ
παιδεύειν. ἁπτόμενος γάρ, οἶμαι, τοῦ καλοῦ καὶ ὁμιλῶν αὐτῷ,
ἃ πάλαι ἐκύει, τίκτει καὶ γεννᾷ, καὶ παρὼν καὶ ἀπὼν
μεμνημένος, καὶ τὸ γεννηθὲν συνεκτρέφει κοινῇ μετ᾽ ἐκείνου,
ὥστε πολὺ μείζω κοινωνίαν τῆς τῶν παίδων πρὸς ἀλλήλους
οἱ τοιοῦτοι ἴσχουσι καὶ φιλίαν βεβαιοτέραν, ἅτε καλλιόνων
καὶ ἀθανατωτέρων παίδων κεκοινωνηκότες. καὶ πᾶς ἂν
δέξαιτο ἑαυτῷ τοιούτους παῖδας μᾶλλον γεγονέναι ἢ τοὺς
D ἀνθρωπίνους, καὶ εἰς Ὅμηρον ἀποβλέψας καὶ Ἡσίοδον καὶ

τοὺς ἄλλους ποιητὰς τοὺς ἀγαθοὺς ζηλῶν, οἷα ἔκγονα ἑαυτῶν
καταλείπουσιν, ἃ ἐκείνοις ἀθάνατον κλέος καὶ μνήμην παρέχε-
ται αὐτὰ τοιαῦτα ὄντα· εἰ δὲ βούλει, ἔφη, οἵους Λυκοῦργος παῖδας
κατελίπετο ἐν Λακεδαίμονι σωτῆρας τῆς Λακεδαίμονος καί, ὡς
ἔπος εἰπεῖν, τῆς Ἑλλάδος· τίμιος δὲ παρ' ὑμῖν καὶ Σόλων διὰ τὴν
τῶν νόμων γέννησιν, καὶ ἄλλοι ἄλλοθι πολλαχοῦ ἄνδρες, καὶ E
ἐν Ἕλλησι καὶ ἐν βαρβάροις, πολλὰ καὶ καλὰ ἀποφηνάμενοι
ἔργα, γεννήσαντες παντοίαν ἀρετήν· ὧν καὶ ἱερὰ πολλὰ ἤδη
γέγονε διὰ τοὺς τοιούτους παῖδας, διὰ δὲ τοὺς ἀνθρωπίνους
οὐδενός πω.

XXVIII. Ταῦτα μὲν οὖν τὰ ἐρωτικὰ ἴσως, ὦ Σώκρατες,
κἂν σὺ μυηθείης· τὰ δὲ τέλεα καὶ ἐποπτικά, ὧν ἕνεκα καὶ 210
ταῦτα ἔστιν, ἐάν τις ὀρθῶς μετίῃ, οὐκ οἶδ', εἰ οἷός τ' ἂν εἴης.
ἐρῶ μὲν οὖν, ἔφη, ἐγὼ καὶ προθυμίας οὐδὲν ἀπολείψω·
πειρῶ δὲ ἕπεσθαι, ἂν οἷός τε ᾖς. δεῖ γάρ, ἔφη, τὸν ὀρθῶς
ἰόντα ἐπὶ τοῦτο τὸ πρᾶγμα ἄρχεσθαι μὲν νέον ὄντα ἰέναι ἐπὶ
τὰ καλὰ σώματα, καὶ πρῶτον μέν, ἐὰν ὀρθῶς ἡγῆται ὁ ἡγού-
μενος, ἑνὸς αὐτὸν σώματος ἐρᾶν καὶ ἐνταῦθα γεννᾶν λόγους
καλούς, ἔπειτα δὲ αὐτὸν κατανοῆσαι, ὅτι τὸ κάλλος τὸ ἐπὶ
ὁτῳοῦν σώματι τῷ ἐπὶ ἑτέρῳ σώματι ἀδελφόν ἐστι, καὶ εἰ B
δεῖ διώκειν τὸ ἐπ' εἴδει καλόν, πολλὴ ἄνοια μὴ οὐχ ἕν τε καὶ
ταὐτὸν ἡγεῖσθαι τὸ ἐπὶ πᾶσι τοῖς σώμασι κάλλος· τοῦτο δ'
ἐννοήσαντα καταστῆναι πάντων τῶν καλῶν σωμάτων ἐραστήν,
ἑνὸς δὲ τὸ σφόδρα τοῦτο χαλάσαι καταφρονήσαντα καὶ σμι-
κρὸν ἡγησάμενον· μετὰ δὲ ταῦτα τὸ ἐν ταῖς ψυχαῖς κάλλος
τιμιώτερον ἡγήσασθαι τοῦ ἐν τῷ σώματι, ὥστε, καὶ ἐὰν
ἐπιεικὴς ὢν τὴν ψυχήν τις κἂν σμικρὸν ἄνθος ἔχῃ, ἐξαρκεῖν C
αὐτῷ καὶ ἐρᾶν καὶ κήδεσθαι καὶ τίκτειν λόγους τοιούτους καὶ
ζητεῖν, οἵτινες ποιήσουσι βελτίους τοὺς νέους, ἵνα ἀναγκασθῇ
αὖ θεάσασθαι τὸ ἐν τοῖς ἐπιτηδεύμασι καὶ τοῖς νόμοις καλὸν
καὶ τοῦτ' ἰδεῖν, ὅτι πᾶν αὐτὸ αὑτῷ συγγενές ἐστιν, ἵνα τὸ περὶ

τὸ σῶμα καλὸν σμικρόν τι ἡγήσηται εἶναι· μετὰ δὲ τὰ ἐπιτηδεύ-
ματα ἐπὶ τὰς ἐπιστήμας ἀγαγεῖν, ἵνα ἴδῃ αὖ ἐπιστημῶν
D κάλλος, καὶ βλέπων πρὸς πολὺ ἤδη τὸ καλὸν μηκέτι τῷ παρ᾽
ἑνί, ὥσπερ οἰκέτης, — ἀγαπῶν παιδαρίου κάλλος ἢ ἀνθρώπου
τινὸς ἢ ἐπιτηδεύματος ἑνός — δουλεύων φαῦλος ᾖ καὶ σμικρο-
λόγος, ἀλλ᾽ ἐπὶ τὸ πολὺ πέλαγος τετραμμένος τοῦ καλοῦ καὶ
θεωρῶν πολλοὺς καὶ καλοὺς λόγους καὶ μεγαλοπρεπεῖς τίκτῃ καὶ
διανοήματα ἐν φιλοσοφίᾳ ἀφθόνῳ, ἕως ἂν ἐνταῦθα ῥωσθεὶς
καὶ αὐξηθεὶς κατίδῃ τινὰ ἐπιστήμην μίαν τοιαύτην, ἥ ἐστι
E καλοῦ τοιοῦδε. πειρῶ δέ μοι, ἔφη, τὸν νοῦν προσέχειν, ὡς
οἷόν τε μάλιστα.

XXIX. Ὃς γὰρ ἂν μέχρι ἐνταῦθα πρὸς τὰ ἐρωτικὰ
παιδαγωγηθῇ, θεώμενος ἐφεξῆς τε καὶ ὀρθῶς τὰ καλά, πρὸς
τέλος ἤδη ἰὼν τῶν ἐρωτικῶν ἐξαίφνης κατόψεταί τι θαυμα-
στὸν τὴν φύσιν καλόν, τοῦτο ἐκεῖνο, ὦ Σώκρατες, οὗ δὴ
ἕνεκεν καὶ οἱ ἔμπροσθεν πάντες πόνοι ἦσαν, πρῶτον μὲν ἀεὶ
211 ὂν καὶ οὔτε γιγνόμενον οὔτε ἀπολλύμενον, οὔτε αὐξανόμενον
οὔτε φθίνον, ἔπειτα οὐ τῇ μὲν καλόν, τῇ δ᾽ αἰσχρόν, οὐδὲ
τοτὲ μέν, τοτὲ δ᾽ οὔ, οὐδὲ πρὸς μὲν τὸ καλόν, πρὸς δὲ τὸ
αἰσχρόν, οὐδ᾽ ἔνθα μὲν καλόν, ἔνθα δὲ αἰσχρόν, ὡς τισὶ μὲν
ὂν καλόν, τισὶ δὲ αἰσχρόν· οὐδ᾽ αὖ φαντασθήσεται αὐτῷ τὸ
καλὸν οἷον πρόσωπόν τι οὐδὲ χεῖρες οὐδὲ ἄλλο οὐδέν, ὧν
σῶμα μετέχει, οὐδέ τις λόγος οὐδέ τις ἐπιστήμη, οὐδέ που ὂν
ἐν ἑτέρῳ τινί, οἷον ἐν ζῴῳ ἢ ἐν γῇ ἢ ἐν οὐρανῷ ἢ ἔν τῳ ἄλλῳ,
B ἀλλ᾽ αὐτὸ καθ᾽ αὑτὸ μεθ᾽ αὑτοῦ μονοειδὲς ἀεὶ ὄν, τὰ δὲ ἄλλα
πάντα καλὰ ἐκείνου μετέχοντα τρόπον τινὰ τοιοῦτον, οἷον
γιγνομένων τε τῶν ἄλλων καὶ ἀπολλυμένων μηδὲν ἐκεῖνο
μήτε τι πλέον μήτε ἔλαττον γίγνεσθαι μηδὲ πάσχειν μηδέν.

Ὅταν δή τις ἀπὸ τῶνδε διὰ τὸ ὀρθῶς παιδεραστεῖν
ἐπανιὼν ἐκεῖνο τὸ καλὸν ἄρχηται καθορᾶν, σχεδὸν ἄν τι
ἅπτοιτο τοῦ τέλους. τοῦτο γὰρ δή ἐστι τὸ ὀρθῶς ἐπὶ τὰ

ἐρωτικὰ ἰέναι ἢ ὑπ᾽ ἄλλου ἄγεσθαι, ἀρχόμενον ἀπὸ τῶνδε C
τῶν καλῶν ἐκείνου ἕνεκα τοῦ καλοῦ ἀεὶ ἐπανιέναι, ὥσπερ
ἐπαναβασμοῖς χρώμενον, ἀπὸ ἑνὸς ἐπὶ δύο καὶ ἀπὸ δυοῖν
ἐπὶ πάντα τὰ καλὰ σώματα, καὶ ἀπὸ τῶν καλῶν σωμάτων
ἐπὶ τὰ καλὰ ἐπιτηδεύματα, καὶ ἀπὸ τῶν ἐπιτηδευμάτων ἐπὶ
τὰ καλὰ μαθήματα, ἕως ἂν ἀπὸ τῶν μαθημάτων ἐπ᾽ ἐκεῖνο
τὸ μάθημα τελευτήσῃ, ὅ ἐστιν οὐκ ἄλλου ἢ αὐτοῦ ἐκείνου τοῦ
καλοῦ μάθημα, καὶ γνῷ αὐτὸ τελευτῶν, ὃ ἔστι καλόν.
ἐνταῦθα τοῦ βίου, ὦ φίλε Σώκρατες, ἔφη ἡ Μαντινικὴ ξένη, D
εἴπερ που ἄλλοθι, βιωτὸν ἀνθρώπῳ, θεωμένῳ αὐτὸ τὸ καλόν.

Ὃ ἐάν ποτε ἴδῃς, οὐ κατὰ χρυσίον τε καὶ ἐσθῆτα καὶ τοὺς
καλοὺς παῖδάς τε καὶ νεανίσκους δόξει σοι εἶναι, οὓς νῦν
ὁρῶν ἐκπέπληξαι καὶ ἕτοιμος εἶ, καὶ σὺ καὶ ἄλλοι πολλοί,
ὁρῶντες τὰ παιδικὰ καὶ συνόντες ἀεὶ αὐτοῖς, εἴ πως οἷόν τ᾽
ἦν, μήτ᾽ ἐσθίειν μήτε πίνειν, ἀλλὰ θεᾶσθαι μόνον καὶ
συνεῖναι. τί δῆτα, ἔφη, οἰόμεθα, εἴ τῳ γένοιτο αὐτὸ τὸ καλὸν E
ἰδεῖν εἰλικρινές, καθαρόν, ἄμεικτον, ἀλλὰ μὴ ἀνάπλεων
σαρκῶν τε ἀνθρωπίνων καὶ χρωμάτων καὶ ἄλλης πολλῆς
φλυαρίας θνητῆς, ἀλλ᾽ αὐτὸ τὸ θεῖον καλὸν δύναιτο μονοειδὲς
κατιδεῖν; ἆρ᾽ οἴει, ἔφη, φαῦλον βίον γίγνεσθαι ἐκεῖσε βλέπον-
τος ἀνθρώπου καὶ ἐκεῖνο, ᾧ δεῖ, θεωμένου καὶ συνόντος 212
αὐτῷ; ἢ οὐκ ἐνθυμῇ, ἔφη, ὅτι ἐνταῦθα αὐτῷ μοναχοῦ γενήσε-
ται, ὁρῶντι, ᾧ ὁρατόν, τὸ καλόν, τίκτειν οὐκ εἴδωλα ἀρετῆς,
ἅτε οὐκ εἰδώλου ἐφαπτομένῳ, ἀλλὰ ἀληθῆ, ἅτε τοῦ ἀληθοῦς
ἐφαπτομένῳ· τεκόντι δὲ ἀρετὴν ἀληθῆ καὶ θρεψαμένῳ
ὑπάρχει θεοφιλεῖ γενέσθαι, καὶ εἴπερ τῳ ἄλλῳ ἀνθρώπων
ἀθανάτῳ, καὶ ἐκείνῳ;

Ταῦτα δή, ὦ Φαῖδρέ τε καὶ οἱ ἄλλοι, ἔφη μὲν Διοτίμα, B
πέπεισμαι δ᾽ ἐγώ· πεπεισμένος δὲ πειρῶμαι καὶ τοὺς ἄλλους
πείθειν, ὅτι τούτου τοῦ κτήματος τῇ ἀνθρωπείᾳ φύσει
συνεργὸν ἀμείνω Ἔρωτος οὐκ ἂν τις ῥᾳδίως λάβοι. διὸ δὴ

ἔγωγέ φημι χρῆναι πάντα ἄνδρα τὸν Ἔρωτα τιμᾶν, καὶ αὐτὸς τιμῶ τὰ ἐρωτικὰ καὶ διαφερόντως ἀσκῶ, καὶ τοῖς ἄλλοις παρακελεύομαι, καὶ νῦν τε καὶ ἀεὶ ἐγκωμιάζω τὴν δύναμιν καὶ ἀνδρείαν τοῦ Ἔρωτος, καθ' ὅσον οἷός τ' εἰμί.
C τοῦτον οὖν τὸν λόγον, ὦ Φαῖδρε, εἰ μὲν βούλει, ὡς ἐγκώμιον εἰς Ἔρωτα νόμισον εἰρῆσθαι, εἰ δέ, ὅ τι καὶ ὅπη χαίρεις ὀνομάζων, τοῦτο ὀνόμαζε.

XII. Die Ankunft des Alkibiades

XXX. Εἰπόντος δὲ ταῦτα τοῦ Σωκράτους τοὺς μὲν ἐπαινεῖν, τὸν δὲ Ἀριστοφάνη λέγειν τι ἐπιχειρεῖν, ὅτι ἐμνήσθη αὐτοῦ λέγων ὁ Σωκράτης περὶ τοῦ λόγου· καὶ ἐξαίφνης τὴν αὔλειον θύραν κρουομένην πολὺν ψόφον παρασχεῖν ὡς κωμαστῶν, καὶ αὐλητρίδος φωνὴν ἀκούειν. τὸν οὖν Ἀγά-
D θωνα· Παῖδες, φάναι, οὐ σκέψεσθε; καὶ ἐὰν μέν τις τῶν ἐπιτηδείων ᾖ, καλεῖτε· εἰ δὲ μή, λέγετε, ὅτι οὐ πίνομεν, ἀλλ' ἀναπαυόμεθα ἤδη.

Καὶ οὐ πολὺ ὕστερον Ἀλκιβιάδου τὴν φωνὴν ἀκούειν ἐν τῇ αὐλῇ σφόδρα μεθύοντος καὶ μέγα βοῶντος, ἐρωτῶντος, ὅπου Ἀγάθων, καὶ κελεύοντος ἄγειν παρ' Ἀγάθωνα. ἄγειν οὖν αὐτὸν παρὰ σφᾶς τήν τε αὐλητρίδα ὑπολαβοῦσαν καὶ ἄλλους τινὰς τῶν ἀκολούθων, καὶ ἐπιστῆναι ἐπὶ τὰς θύρας
E ἐστεφανωμένον αὐτὸν κιττοῦ τέ τινι στεφάνῳ δασεῖ καὶ ἴων, καὶ ταινίας ἔχοντα ἐπὶ τῆς κεφαλῆς πάνυ πολλάς, καὶ εἰπεῖν· Ἄνδρες, χαίρετε· μεθύοντα ἄνδρα πάνυ σφόδρα δέξεσθε συμπότην, ἢ ἀπίωμεν ἀναδήσαντες μόνον Ἀγάθωνα, ἐφ' ᾧπερ ἤλθομεν; ἐγὼ γάρ τοι, φάναι, χθὲς μὲν οὐχ οἷός τ' ἐγενόμην ἀφικέσθαι, νῦν δὲ ἥκω ἐπὶ τῇ κεφαλῇ ἔχων τὰς ταινίας, ἵνα ἀπὸ τῆς ἐμῆς κεφαλῆς τὴν τοῦ σοφωτάτου καὶ καλλίστου κεφαλήν, ἀνειπὼν οὑτωσί, ἀναδήσω. ἆρα καταγελάσεσθέ μου ὡς μεθύοντος; ἐγὼ δέ, κἂν ὑμεῖς γελᾶτε,

ὅμως εὖ οἶδ᾽, ὅτι ἀληθῆ λέγω. ἀλλά μοι λέγετε αὐτόθεν, ἐπὶ 213
ῥητοῖς εἰσίω ἢ μή; συμπίεσθε ἢ οὔ;

Πάντας οὖν ἀναθορυβῆσαι καὶ κελεύειν εἰσιέναι καὶ κατα-
κλίνεσθαι, καὶ τὸν Ἀγάθωνα καλεῖν αὐτόν. καὶ τὸν ἰέναι
ἀγόμενον ὑπὸ τῶν ἀνθρώπων, καὶ περιαιρούμενον ἅμα τὰς
ταινίας ὡς ἀναδήσοντα, ἐπίπροσθε τῶν ὀφθαλμῶν ἔχοντα,
οὐ κατιδεῖν τὸν Σωκράτη, ἀλλὰ καθίζεσθαι παρὰ τὸν Ἀγά-
θωνα ἐν μέσῳ Σωκράτους τε καὶ ἐκείνου· παραχωρῆσαι γὰρ B
τὸν Σωκράτη, ὡς ἐκεῖνον καθίζειν. παρακαθεζόμενον δὲ
αὐτὸν ἀσπάζεσθαί τε τὸν Ἀγάθωνα καὶ ἀναδεῖν.

Εἰπεῖν οὖν τὸν Ἀγάθωνα· Ὑπολύετε, παῖδες, Ἀλκιβιάδην,
ἵνα ἐκ τρίτων κατακέηται. Πάνυ γε, εἰπεῖν τὸν Ἀλκιβιάδην·
ἀλλὰ τίς ἡμῖν ὅδε τρίτος συμπότης; καὶ ἅμα μεταστρε-
φόμενον αὐτὸν ὁρᾶν τὸν Σωκράτη, ἰδόντα δὲ ἀναπηδῆσαι
καὶ εἰπεῖν· Ὦ Ἡράκλεις, τουτὶ τί ἦν; Σωκράτης οὗτος;
ἐλλοχῶν αὖ με ἐνταῦθα κατέκεισο, ὥσπερ εἰώθεις ἐξαίφνης C
ἀναφαίνεσθαι, ὅπου ἐγὼ ᾤμην ἥκιστά σε ἔσεσθαι. καὶ νῦν
τί ἥκεις; καὶ τί αὖ ἐνταῦθα κατεκλίνης; ὡς οὐ παρὰ Ἀρι-
στοφάνει, οὐδὲ εἴ τις ἄλλος γελοῖος ἔστι τε καὶ βούλεται,
ἀλλὰ διεμηχανήσω, ὅπως παρὰ τῷ καλλίστῳ τῶν ἔνδον
κατακείσῃ.

Καὶ τὸν Σωκράτη· Ἀγάθων, φάναι, ὅρα, εἴ μοι ἐπαμυ-
νεῖς· ὡς ἐμοὶ ὁ τούτου ἔρως τοῦ ἀνθρώπου οὐ φαῦλον
πρᾶγμα γέγονεν. ἀπ᾽ ἐκείνου γὰρ τοῦ χρόνου, ἀφ᾽ οὗ τού-
του ἠράσθην, οὐκέτι ἔξεστί μοι οὔτε προσβλέψαι οὔτε δια- D
λεχθῆναι καλῷ οὐδ᾽ ἑνί, ἢ οὑτοσὶ ζηλοτυπῶν με καὶ φθονῶν
θαυμαστὰ ἐργάζεται καὶ λοιδορεῖταί τε καὶ τὼ χεῖρε μόγις
ἀπέχεται. ὅρα οὖν, μή τι καὶ νῦν ἐργάσηται, ἀλλὰ διάλλαξον
ἡμᾶς, ἢ ἐὰν ἐπιχειρῇ βιάζεσθαι, ἐπάμυνε, ὡς ἐγὼ τὴν τού-
του μανίαν τε καὶ φιλεραστίαν πάνυ ὀρρωδῶ.

Ἀλλ᾽ οὐκ ἔστι, φάναι τὸν Ἀλκιβιάδην, ἐμοὶ καὶ σοὶ διαλ-
λαγή. ἀλλὰ τούτων μὲν εἰς αὖθίς σε τιμωρήσομαι· νῦν δέ
E μοι, Ἀγάθων, φάναι, μετάδος τῶν ταινιῶν, ἵνα ἀναδήσω
καὶ τὴν τούτου ταυτηνὶ τὴν θαυμαστὴν κεφαλήν, καὶ μή μοι
μέμφηται, ὅτι σὲ μὲν ἀνέδησα, αὐτὸν δὲ νικῶντα ἐν λόγοις
πάντας ἀνθρώπους, οὐ μόνον πρῴην ὥσπερ σύ, ἀλλ᾽ ἀεί,
ἔπειτα οὐκ ἀνέδησα. καὶ ἅμ᾽ αὐτὸν λαβόντα τῶν ταινιῶν
ἀναδεῖν τὸν Σωκράτη καὶ κατακλίνεσθαι.

XXXI. Ἐπειδὴ δὲ κατεκλίνη, εἰπεῖν· Εἶεν δή, ἄνδρες·
δοκεῖτε γάρ μοι νήφειν· οὐκ ἐπιτρεπτέον οὖν ὑμῖν, ἀλλὰ ποτέον·
ὡμολόγηται γὰρ ταῦθ᾽ ἡμῖν. ἄρχοντα οὖν αἱροῦμαι τῆς
πόσεως, ἕως ἂν ὑμεῖς ἱκανῶς πίητε, ἐμαυτόν. ἀλλὰ φερέτω
Ἀγάθων, εἴ τι ἔστιν ἔκπωμα μέγα. μᾶλλον δὲ οὐδὲν δεῖ,
ἀλλὰ φέρε, παῖ, φάναι, τὸν ψυκτῆρα ἐκεῖνον, ἰδόντα αὐτὸν
214 πλέον ἢ ὀκτὼ κοτύλας χωροῦντα. τοῦτον ἐμπλησάμενον πρῶ-
τον μὲν αὐτὸν ἐκπιεῖν, ἔπειτα τῷ Σωκράτει κελεύειν ἐγχεῖν
καὶ ἅμα εἰπεῖν· Πρὸς μὲν Σωκράτη, ὦ ἄνδρες, τὸ σόφισμά
μοι οὐδέν· ὁπόσον γὰρ ἂν κελεύῃ τις, τοσοῦτον ἐκπιὼν οὐδὲν
μᾶλλον μή ποτε μεθυσθῇ.

Τὸν μὲν οὖν Σωκράτη ἐγχέαντος τοῦ παιδὸς πίνειν· τὸν
δ᾽ Ἐρυξίμαχον· Πῶς οὖν, φάναι, ὦ Ἀλκιβιάδη, ποιοῦμεν;
B οὕτως οὔτε τι λέγομεν ἐπὶ τῇ κύλικι οὔτε τι ᾄδομεν, ἀλλ᾽
ἀτεχνῶς ὥσπερ οἱ διψῶντες πιόμεθα; τὸν οὖν Ἀλκιβιάδην
εἰπεῖν· Ὦ Ἐρυξίμαχε, βέλτιστε βελτίστου πατρὸς καὶ σω-
φρονεστάτου, χαῖρε. Καὶ γὰρ σύ, φάναι τὸν Ἐρυξίμαχον·
ἀλλὰ τί ποιῶμεν; Ὅ τι ἂν σὺ κελεύῃς. δεῖ γάρ σοι πεί-
θεσθαι·

ἰητρὸς γὰρ ἀνὴρ πολλῶν ἀντάξιος ἄλλων·

ἐπίταττε οὖν, ὅ τι βούλει.

Ἄκουσον δή, εἰπεῖν τὸν Ἐρυξίμαχον. ἡμῖν, πρὶν σὲ
εἰσελθεῖν, ἔδοξε χρῆναι ἐπὶ δεξιὰ ἕκαστον ἐν μέρει λόγον

περὶ Ἔρωτος εἰπεῖν, ὡς δύναιτο κάλλιστον, καὶ ἐγκωμιάσαι. C
οἱ μὲν οὖν ἄλλοι πάντες ἡμεῖς εἰρήκαμεν· σὺ δ᾿ ἐπειδὴ οὐκ
εἴρηκας καὶ ἐκπέπωκας, δίκαιος εἶ εἰπεῖν, εἰπὼν δ᾿ ἐπιτάξαι
Σωκράτει, ὅ τι ἂν βούλῃ, καὶ τοῦτον τῷ ἐπὶ δεξιὰ καὶ οὕτω
τοὺς ἄλλους.

Ἀλλά, φάναι, ὦ Ἐρυξίμαχε, τὸν Ἀλκιβιάδην, καλῶς μὲν
λέγεις, μεθύοντα δὲ ἄνδρα παρὰ νηφόντων λόγους πα-
ραβάλλειν μὴ οὐκ ἐξ ἴσου ᾖ. καὶ ἅμα, ὦ μακάριε, πείθει τί
σε Σωκράτης, ὧν ἄρτι εἶπεν; ἢ οἶσθα, ὅτι τοὐναντίον ἐστὶ D
πᾶν, ἢ ὃ ἔλεγεν; οὗτος γάρ, ἐάν τινα ἐγὼ ἐπαινέσω τούτου
παρόντος ἢ θεὸν ἢ ἄνθρωπον ἄλλον ἢ τοῦτον, οὐκ ἀφέξεταί
μου τὼ χεῖρε. Οὐκ εὐφημήσεις; φάναι τὸν Σωκράτη.

Μὰ τὸν Ποσειδῶ, εἰπεῖν τὸν Ἀλκιβιάδην, μηδὲν λέγε πρὸς
ταῦτα, ὡς ἐγὼ οὐδ᾿ ἂν ἕνα ἄλλον ἐπαινέσαιμι σοῦ παρόντος.
Ἀλλ᾿ οὕτω ποίει, φάναι τὸν Ἐρυξίμαχον, εἰ βούλει· Σω-
κράτη ἐπαίνεσον. Πῶς λέγεις; εἰπεῖν τὸν Ἀλκιβιάδην· δοκεῖ E
χρῆναι, ὦ Ἐρυξίμαχε; ἐπιθῶμαι τῷ ἀνδρὶ καὶ τιμωρήσωμαι
ὑμῶν ἐναντίον; Οὗτος, φάναι τὸν Σωκράτη, τί ἐν νῷ ἔχεις;
ἐπὶ τὰ γελοιότερά με ἐπαινέσεις, ἢ τί ποιήσεις; Τἀληθῆ ἐρῶ.
ἀλλ᾿ ὅρα, εἰ παρίῃς. Ἀλλὰ μέντοι, φάναι, τά γε ἀληθῆ
παρίημι καὶ κελεύω λέγειν.

Οὐκ ἂν φθάνοιμι, εἰπεῖν τὸν Ἀλκιβιάδην. καὶ μέντοι
οὑτωσὶ ποίησον. ἐάν τι μὴ ἀληθὲς λέγω, μεταξὺ ἐπιλαβοῦ,
ἂν βούλῃ, καὶ εἰπέ, ὅτι τοῦτο ψεύδομαι· ἑκὼν γὰρ εἶναι
οὐδὲν ψεύσομαι. ἐὰν μέντοι ἀναμιμνῃσκόμενος ἄλλο ἄλλο- 215
θεν λέγω, μηδὲν θαυμάσῃς· οὐ γάρ τι ῥᾴδιον τὴν σὴν ἀτο-
πίαν ὧδ᾿ ἔχοντι εὐπόρως καὶ ἐφεξῆς καταριθμῆσαι.

XIII. Die Rede des Alkibiades

XXXII. Σωκράτη δ᾿ ἐγὼ ἐπαινεῖν, ὦ ἄνδρες, οὕτως
ἐπιχειρήσω, δι᾿ εἰκόνων. οὗτος μὲν οὖν ἴσως οἰήσεται ἐπὶ

τὰ γελοιότερα, ἔσται δ' ἡ εἰκὼν τοῦ ἀληθοῦς ἕνεκα, οὐ τοῦ γελοίου. φημὶ γὰρ δὴ ὁμοιότατον αὐτὸν εἶναι τοῖς σιληνοῖς
B τούτοις τοῖς ἐν τοῖς ἑρμογλυφείοις καθημένοις, οὕστινας ἐργάζονται οἱ δημιουργοὶ σύριγγας ἢ αὐλοὺς ἔχοντας, οἳ διχάδε διοιχθέντες φαίνονται ἔνδοθεν ἀγάλματα ἔχοντες θεῶν. καὶ φημὶ αὖ ἐοικέναι αὐτὸν τῷ σατύρῳ τῷ Μαρσύᾳ. ὅτι μὲν οὖν τό γε εἶδος ὅμοιος εἶ τούτοις, ὦ Σώκρατες, οὐδ' αὐτὸς ἄν που ἀμφισβητήσαις· ὡς δὲ καὶ τἆλλα ἔοικας, μετὰ τοῦτο ἄκουε. ὑβριστὴς εἶ· ἢ οὔ; ἐὰν γὰρ μὴ ὁμολογῇς, μάρτυρας παρέξομαι. ἀλλ' οὐκ αὐλητής; πολύ γε θαυμασιώτερος
C ἐκείνου· ὁ μέν γε δι' ὀργάνων ἐκήλει τοὺς ἀνθρώπους τῇ ἀπὸ τοῦ στόματος δυνάμει, καὶ ἔτι νυνί, ὃς ἂν τὰ ἐκείνου αὐλῇ — ἃ γὰρ Ὄλυμπος ηὔλει, Μαρσύου λέγω, τούτου διδάξαντος —· τὰ οὖν ἐκείνου, ἐάν τε ἀγαθὸς αὐλητὴς αὐλῇ ἐάν τε φαύλη αὐλητρίς, μόνα κατέχεσθαι ποιεῖ καὶ δηλοῖ τοὺς τῶν θεῶν τε καὶ τελετῶν δεομένους διὰ τὸ θεῖα εἶναι. σὺ δ' ἐκείνου τοσοῦτον μόνον διαφέρεις, ὅτι ἄνευ ὀργάνων
D ψιλοῖς λόγοις ταὐτὸν τοῦτο ποιεῖς. ἡμεῖς γοῦν, ὅταν μέν του ἄλλου ἀκούωμεν λέγοντος, καὶ πάνυ ἀγαθοῦ ῥήτορος, ἄλλους λόγους, οὐδὲν μέλει, ὡς ἔπος εἰπεῖν, οὐδενί· ἐπειδὰν δὲ σοῦ τις ἀκούῃ ἢ τῶν σῶν λόγων ἄλλου λέγοντος, κἂν πάνυ φαῦλος ᾖ ὁ λέγων, ἐάν τε γυνὴ ἀκούῃ ἐάν τε ἀνὴρ ἐάν τε μειράκιον, ἐκπεπληγμένοι ἐσμὲν καὶ κατεχόμεθα.

Ἐγὼ γοῦν, ὦ ἄνδρες, εἰ μὴ ἔμελλον κομιδῇ δόξειν μεθύειν, εἶπον ὀμόσας ἂν ὑμῖν, οἷα δὴ πέπονθα αὐτὸς ὑπὸ τῶν τούτου λόγων καὶ πάσχω ἔτι καὶ νυνί. ὅταν γὰρ ἀκούω,
E πολύ μοι μᾶλλον ἢ τῶν κορυβαντιώντων ἥ τε καρδία πηδᾷ καὶ δάκρυα ἐκχεῖται ὑπὸ τῶν λόγων τῶν τούτου· ὁρῶ δὲ καὶ ἄλλους παμπόλλους τὰ αὐτὰ πάσχοντας. Περικλέους δὲ ἀκούων καὶ ἄλλων ἀγαθῶν ῥητόρων εὖ μὲν ἡγούμην λέγειν, τοιοῦτον δ' οὐδὲν ἔπασχον, οὐδ' ἐτεθορύβητό μου ἡ ψυχὴ

οὐδ᾽ ἠγανάκτει ὡς ἀνδραποδωδῶς διακειμένου· ἀλλ᾽ ὑπὸ
τουτουῒ τοῦ Μαρσύου πολλάκις δὴ οὕτω διετέθην, ὥστε μοι
δόξαι μὴ βιωτὸν εἶναι ἔχοντι, ὡς ἔχω. καὶ ταῦτα, ὦ Σώκρα- 216
τες, οὐκ ἐρεῖς, ὡς οὐκ ἀληθῆ. καὶ ἔτι γε νῦν σύνοιδ᾽ ἐμαυτῷ,
ὅτι, εἰ ἐθέλοιμι παρέχειν τὰ ὦτα, οὐκ ἂν καρτερήσαιμι, ἀλλὰ
ταὐτὰ ἂν πάσχοιμι. ἀναγκάζει γάρ με ὁμολογεῖν, ὅτι πολλοῦ
ἐνδεὴς ὢν αὐτὸς ἔτι ἐμαυτοῦ μὲν ἀμελῶ, τὰ δ᾽ Ἀθηναίων
πράττω. βίᾳ οὖν ὥσπερ ἀπὸ τῶν Σειρήνων ἐπισχόμενος τὰ
ὦτα οἴχομαι φεύγων, ἵνα μὴ αὐτοῦ καθήμενος παρὰ τούτῳ
καταγηράσω. πέπονθα δὲ πρὸς τοῦτον μόνον ἀνθρώπων, B
ὃ οὐκ ἄν τις οἴοιτο ἐν ἐμοὶ ἐνεῖναι, τὸ αἰσχύνεσθαι ὁντινοῦν·
ἐγὼ δὲ τοῦτον μόνον αἰσχύνομαι. σύνοιδα γὰρ ἐμαυτῷ ἀν-
τιλέγειν μὲν οὐ δυναμένῳ, ὡς οὐ δεῖ ποιεῖν, ἃ οὗτος κελεύει,
ἐπειδὰν δὲ ἀπέλθω, ἡττημένῳ τῆς τιμῆς τῆς ὑπὸ τῶν πολ-
λῶν. δραπετεύω οὖν αὐτὸν καὶ φεύγω, καὶ ὅταν ἴδω, αἰ-
σχύνομαι τὰ ὡμολογημένα. καὶ πολλάκις μὲν ἡδέως ἂν
ἴδοιμι αὐτὸν μὴ ὄντα ἐν ἀνθρώποις· εἰ δ᾽ αὖ τοῦτο γένοιτο, C
εὖ οἶδα, ὅτι πολὺ μεῖζον ἂν ἀχθοίμην, ὥστε οὐκ ἔχω, ὅ τι
χρήσωμαι τούτῳ τῷ ἀνθρώπῳ.

XXXIII. Καὶ ὑπὸ μὲν δὴ τῶν αὐλημάτων καὶ ἐγὼ καὶ
ἄλλοι πολλοὶ τοιαῦτα πεπόνθασιν ὑπὸ τοῦδε τοῦ σατύρου·
ἄλλα δὲ ἐμοῦ ἀκούσατε, ὡς ὅμοιός τ᾽ ἐστίν, οἷς ἐγὼ ᾔκασα
αὐτόν, καὶ τὴν δύναμιν ὡς θαυμασίαν ἔχει. εὖ γὰρ ἴστε,
ὅτι οὐδεὶς ὑμῶν τοῦτον γιγνώσκει· ἀλλὰ ἐγὼ δηλώσω, ἐπεί- D
περ ἠρξάμην. ὁρᾶτε γάρ, ὅτι Σωκράτης ἐρωτικῶς διάκειται
τῶν καλῶν καὶ ἀεὶ περὶ τούτους ἐστὶ καὶ ἐκπέπληκται, ὡς τὸ
σχῆμα αὐτοῦ. τοῦτο οὐ σιληνῶδες; σφόδρα γε. τοῦτο γὰρ
οὗτος ἔξωθεν περιβέβληται, ὥσπερ ὁ γεγλυμμένος σιληνός·
ἔνδοθεν δὲ ἀνοιχθεὶς πόσης, οἴεσθε, γέμει, ὦ ἄνδρες συμπόται,
σωφροσύνης; ἴστε, ὅτι, οὔτε εἴ τις καλός ἐστι, μέλει αὐτῷ
οὐδέν, ἀλλὰ καταφρονεῖ τοσοῦτον, ὅσον οὐδ᾽ ἂν εἷς οἰηθείη, E

οὔτ᾽ εἴ τις πλούσιος, οὔτ᾽ εἰ ἄλλην τινὰ τιμὴν ἔχων τῶν ὑπὸ
πλήθους μακαριζομένων· ἡγεῖται δὲ πάντα ταῦτα τὰ κτή-
ματα οὐδενὸς ἄξια καὶ ἡμᾶς οὐδὲν εἶναι, λέγω ὑμῖν, εἰρω-
νευόμενος δὲ καὶ παίζων πάντα τὸν βίον πρὸς τοὺς ἀνθρώ-
πους διατελεῖ. σπουδάσαντος δὲ αὐτοῦ καὶ ἀνοιχθέντος οὐκ
οἶδα εἴ τις ἑώρακε τὰ ἐντὸς ἀγάλματα· ἀλλ᾽ ἐγὼ ἤδη ποτ᾽
217 εἶδον, καί μοι ἔδοξεν οὕτω θεῖα καὶ χρυσᾶ εἶναι καὶ πάγκαλα
καὶ θαυμαστά, ὥστε ποιητέον εἶναι ἔμβραχυ, ὅ τι κελεύοι
Σωκράτης.

Ἡγούμενος δὲ αὐτὸν ἐσπουδακέναι ἐπὶ τῇ ἐμῇ ὥρᾳ ἕρ-
μαιον ἡγησάμην εἶναι καὶ εὐτύχημα ἐμὸν θαυμαστόν, ὡς
ὑπάρχον μοι χαρισαμένῳ Σωκράτει πάντ᾽ ἀκοῦσαι, ὅσαπερ
οὗτος ᾔδει· ἐφρόνουν γὰρ δὴ ἐπὶ τῇ ὥρᾳ θαυμάσιον ὅσον.
ταῦτα οὖν διανοηθείς, πρὸ τοῦ οὐκ εἰωθὼς ἄνευ ἀκολούθου
μόνος μετ᾽ αὐτοῦ γίγνεσθαι, τότε ἀποπέμπων τὸν ἀκόλουθον
B μόνος συνεγιγνόμην. δεῖ γὰρ πρὸς ὑμᾶς πάντα τἀληθῆ εἰπεῖν·
ἀλλὰ προσέχετε τὸν νοῦν, καὶ εἰ ψεύδομαι, Σώκρατες, ἐξέ-
λεγχε. συνεγιγνόμην γάρ, ὦ ἄνδρες, μόνος μόνῳ, καὶ ᾤμην
αὐτίκα διαλέξεσθαι αὐτόν μοι, ἅπερ ἂν ἐραστὴς παιδικοῖς ἐν
ἐρημίᾳ διαλεχθείη, καὶ ἔχαιρον. τούτων δ᾽ οὐ μάλα ἐγίγνετο
οὐδέν, ἀλλ᾽, ὥσπερ εἰώθει, διαλεχθεὶς ἄν μοι καὶ συνημε-
ρεύσας ᾤχετο ἀπιών. μετὰ ταῦτα συγγυμνάζεσθαι πρου-
C καλούμην αὐτὸν καὶ συνεγυμναζόμην, ὥς τι ἐνταῦθα περα-
νῶν. συνεγυμνάζετο οὖν μοι καὶ προσεπάλαιεν πολλάκις οὐ-
δενὸς παρόντος· καὶ τί δεῖ λέγειν; οὐδὲν γάρ μοι πλέον ἦν.
ἐπειδὴ δὲ οὐδαμῇ ταύτῃ ἤνυτον, ἔδοξέ μοι ἐπιθετέον εἶναι
τῷ ἀνδρὶ κατὰ τὸ καρτερὸν καὶ οὐκ ἀνετέον, ἐπειδήπερ
ἐνεκεχειρήκη, ἀλλὰ ἰστέον ἤδη, τί ἐστι τὸ πρᾶγμα. προ-
καλοῦμαι δὴ αὐτὸν πρὸς τὸ συνδειπνεῖν, ἀτεχνῶς ὥσπερ
ἐραστὴς παιδικοῖς ἐπιβουλεύων. καί μοι οὐδὲ τοῦτο ταχὺ
D ὑπήκουσεν, ὅμως δ᾽ οὖν χρόνῳ ἐπείσθη. ἐπειδὴ δὲ ἀφίκετο

τὸ πρῶτον, δειπνήσας ἀπιέναι ἐβούλετο. καὶ τότε μὲν αἰσχυνόμενος ἀφῆκα αὐτόν· αὖθις δὲ ἐπιβουλεύσας, ἐπειδὴ ἐδεδειπνήκει, διελεγόμην πόρρω τῶν νυκτῶν, καὶ ἐπειδὴ ἐβούλετο ἀπιέναι, σκηπτόμενος, ὅτι ὀψὲ εἴη, προσηνάγκασα αὐτὸν μένειν. ἀνεπαύετο οὖν ἐν τῇ ἐχομένῃ ἐμοῦ κλίνῃ, ἐν ᾗπερ ἐδείπνει, καὶ οὐδεὶς ἐν τῷ οἰκήματι ἄλλος καθηῦδεν ἢ ἡμεῖς.

Μέχρι μὲν οὖν δὴ δεῦρο τοῦ λόγου καλῶς ἂν ἔχοι καὶ E
πρὸς ὁντινοῦν λέγειν· τὸ δ᾽ ἐντεῦθεν οὐκ ἄν μου ἠκούσατε λέγοντος, εἰ μὴ πρῶτον μέν, τὸ λεγόμενον, οἶνος ἄνευ τε παίδων καὶ μετὰ παίδων ἦν ἀληθής, ἔπειτα ἀφανίσαι Σωκράτους ἔργον ὑπερήφανον εἰς ἔπαινον ἐλθόντα ἄδικόν μοι φαίνεται. ἔτι δὲ τὸ τοῦ δηχθέντος ὑπὸ τοῦ ἔχεως πάθος κἄμ᾽ ἔχει. φασὶ γάρ πού τινα τοῦτο παθόντα οὐκ ἐθέλειν λέγειν, οἷον ἦν, πλὴν τοῖς δεδηγμένοις, ὡς μόνοις γνωσομένοις τε καὶ συγγνωσομένοις, εἰ πᾶν ἐτόλμα δρᾶν τε καὶ 218
λέγειν ὑπὸ τῆς ὀδύνης. ἐγὼ οὖν δεδηγμένος τε ὑπὸ ἀλγεινοτέρου καὶ τὸ ἀλγεινότατον, ὧν ἄν τις δηχθείη — τὴν καρδίαν γὰρ ἢ ψυχήν, ἢ ὅ τι δεῖ αὐτὸ ὀνομάσαι, πληγείς τε καὶ δηχθεὶς ὑπὸ τῶν ἐν φιλοσοφίᾳ λόγων, οἳ ἔχονται ἐχίδνης ἀγριώτερον, νέου ψυχῆς μὴ ἀφυοῦς ὅταν λάβωνται, καὶ ποιοῦσι δρᾶν τε καὶ λέγειν ὁτιοῦν —, καὶ ὁρῶν αὖ Φαίδρους,
᾽Αγάθωνας, ᾽Ερυξιμάχους, Παυσανίας, ᾽Αριστοδήμους τε B
καὶ ᾽Αριστοφάνας — Σωκράτη δὲ αὐτὸν τί δεῖ λέγειν, καὶ ὅσοι ἄλλοι; πάντες γὰρ κεκοινωνήκατε τῆς φιλοσόφου μανίας τε καὶ βακχείας —· διὸ πάντες ἀκούσεσθε· συγγνώσεσθε γὰρ τοῖς τε τότε πραχθεῖσι καὶ τοῖς νῦν λεγομένοις· οἱ δὲ οἰκέται, καὶ εἴ τις ἄλλος ἐστὶν βέβηλός τε καὶ ἄγροικος, πύλας πάνυ μεγάλας τοῖς ὠσὶν ἐπίθεσθε.

XXXIV. ᾽Επειδὴ γὰρ οὖν, ὦ ἄνδρες, ὅ τε λύχνος
ἀπεσβήκει καὶ οἱ παῖδες ἔξω ἦσαν, ἔδοξέ μοι χρῆναι μηδὲν C

ποικίλλειν πρὸς αὐτόν, ἀλλ' ἐλευθέρως εἰπεῖν, ἅ μοι ἐδόκει καὶ εἶπον κινήσας αὐτόν· Σώκρατες, καθεύδεις; Οὐ δῆτα, ἦ δ' ὅς. Οἶσθα οὖν, ἅ μοι δέδοκται; Τί μάλιστα; ἔφη. Σὺ ἐμοὶ δοκεῖς, ἦν δ' ἐγώ, ἐμοῦ ἐραστὴς ἄξιος γεγονέναι μόνος, καί μοι φαίνῃ ὀκνεῖν μνησθῆναι πρός με· ἐγὼ δὲ οὑτωσὶ ἔχω· πάνυ ἀνόητον ἡγοῦμαι εἶναι σοὶ μὴ οὐ καὶ τοῦτο χαρίζεσθαι καὶ εἴ τι ἄλλο ἢ τῆς οὐσίας τῆς ἐμῆς δέοιο
D ἢ τῶν φίλων τῶν ἐμῶν. ἐμοὶ μὲν γὰρ οὐδέν ἐστι πρεσβύτερον τοῦ ὡς ὅ τι βέλτιστον ἐμὲ γενέσθαι, τούτου δὲ οἶμαί μοι συλλήπτορα οὐδένα κυριώτερον εἶναι σοῦ. ἐγὼ δὴ τοιούτῳ ἀνδρὶ πολὺ μᾶλλον ἂν μὴ χαριζόμενος αἰσχυνοίμην τοὺς φρονίμους, ἢ χαριζόμενος τούς τε πολλοὺς καὶ ἄφρονας.

Καὶ οὗτος ἀκούσας μάλα εἰρωνικῶς καὶ σφόδρα ἑαυτοῦ τε καὶ εἰωθότως ἔλεξεν· Ὦ φίλε Ἀλκιβιάδη, κινδυνεύεις τῷ ὄντι οὐ φαῦλος εἶναι, εἴπερ ἀληθῆ τυγχάνει ὄντα, ἃ λέ-
E γεις περὶ ἐμοῦ, καί τις ἔστ' ἐν ἐμοὶ δύναμις, δι' ἧς ἂν σὺ γένοιο ἀμείνων· ἀμήχανόν τοι κάλλος ὁρῴης ἂν ἐν ἐμοὶ καὶ τῆς παρὰ σοὶ εὐμορφίας πάμπολυ διαφέρον. εἰ δὴ καθορῶν αὐτὸ κοινώσασθαί τέ μοι ἐπιχειρεῖς καὶ ἀλλάξασθαι κάλλος ἀντὶ κάλλους, οὐκ ὀλίγῳ μου πλεονεκτεῖν διανοῇ, ἀλλ' ἀντὶ δόξης ἀλήθειαν καλῶν κτᾶσθαι ἐπιχειρεῖς καὶ τῷ ὄντι χρύ-
219 σεα χαλκείων διαμείβεσθαι νοεῖς. ἀλλ', ὦ μακάριε, ἄμεινον σκόπει, μή σε λανθάνω οὐδὲν ὤν. ἥ τοι τῆς διανοίας ὄψις ἄρχεται ὀξὺ βλέπειν, ὅταν ἡ τῶν ὀμμάτων τῆς ἀκμῆς λήγειν ἐπιχειρῇ· σὺ δὲ τούτων ἔτι πόρρω. κἀγὼ ἀκούσας· Τὰ μὲν παρ' ἐμοῦ, ἔφην, ταῦτά ἐστιν, ὧν οὐδὲν ἄλλως εἴρηται, ἢ ὡς διανοοῦμαι· σὺ δὲ αὐτὸς οὕτω βουλεύου, ὅ τι σοί τε ἄριστον καὶ ἐμοὶ ἡγῇ. Ἀλλ', ἔφη, τοῦτό γε εὖ λέγεις· ἐν γὰρ τῷ
B ἐπιόντι χρόνῳ βουλευόμενοι πράξομεν, ὃ ἂν φαίνηται νῷν περί τε τούτων καὶ περὶ τῶν ἄλλων ἄριστον.

Ἐγὼ μὲν δὴ ταῦτα ἀκούσας τε καὶ εἰπὼν καὶ ἀφεὶς
ὥσπερ βέλη, τετρῶσθαι αὐτὸν ᾤμην· καὶ ἀναστάς γε οὐδ᾽
ἐπιτρέψας τούτῳ εἰπεῖν οὐδὲν ἔτι, ἀμφιέσας τὸ ἱμάτιον τὸ
ἐμαυτοῦ τοῦτον — καὶ γὰρ ἦν χειμών — ὑπὸ τὸν τρίβωνα
κατακλινεὶς τὸν τουτουΐ, περιβαλὼν τὼ χεῖρε τούτῳ τῷ δαι-
μονίῳ ὡς ἀληθῶς καὶ θαυμαστῷ, κατεκείμην τὴν νύκτα C
ὅλην. καὶ οὐδὲ ταῦτα αὖ, ὦ Σώκρατες, ἐρεῖς, ὅτι ψεύδομαι.
ποιήσαντος δὲ δὴ ταῦτα ἐμοῦ οὗτος τοσοῦτον περιεγένετό
τε καὶ κατεφρόνησεν καὶ κατεγέλασεν τῆς ἐμῆς ὥρας καὶ
ὕβρισεν — καὶ περὶ ἐκεῖνό γε ᾤμην τι εἶναι, ὦ ἄνδρες δικα-
σταί· δικασταὶ γάρ ἐστε τῆς Σωκράτους ὑπερηφανίας —· εὖ
γὰρ ἴστε μὰ θεούς, μὰ θεάς, οὐδὲν περιττότερον καταδε-
δαρθηκὼς ἀνέστην μετὰ Σωκράτους, ἢ εἰ μετὰ πατρὸς D
καθηῦδον ἢ ἀδελφοῦ πρεσβυτέρου.

XXXV. Τὸ δὴ μετὰ τοῦτο τίνα οἴεσθέ με διάνοιαν ἔχειν,
ἡγούμενον μὲν ἠτιμάσθαι, ἀγάμενον δὲ τὴν τούτου φύσιν τε
καὶ σωφροσύνην καὶ ἀνδρείαν, ἐντετυχηκότα ἀνθρώπῳ
τοιούτῳ, οἵῳ ἐγὼ οὐκ ἂν ᾤμην ποτ᾽ ἐντυχεῖν εἰς φρόνησιν
καὶ εἰς καρτερίαν; ὥστε οὔθ᾽ ὅπως οὖν ὀργιζοίμην εἶχον καὶ
ἀποστερηθείην τῆς τούτου συνουσίας, οὔτε ὅπῃ προσαγαγοί-
μην αὐτὸν ηὐπόρουν. εὖ γὰρ ᾔδη, ὅτι χρήμασί γε πολὺ μᾶλλον E
ἄτρωτος ἦν πανταχῇ ἢ σιδήρῳ ὁ Αἴας, ᾧ τε ᾤμην αὐτὸν
μόνῳ ἁλώσεσθαι, διεπεφεύγει με. ἠπόρουν δή, καταδεδουλω-
μένος τε ὑπὸ τοῦ ἀνθρώπου ὡς οὐδεὶς ὑπ᾽ οὐδενὸς ἄλλου
περιῇα.

Ταῦτά τε γάρ μοι ἅπαντα προυγεγόνει, καὶ μετὰ ταῦτα
στρατεία ἡμῖν εἰς Ποτείδαιαν ἐγένετο κοινὴ καὶ συνεσιτοῦμεν
ἐκεῖ. πρῶτον μὲν οὖν τοῖς πόνοις οὐ μόνον ἐμοῦ περιῆν, ἀλλὰ
καὶ τῶν ἄλλων ἁπάντων. ὁπότ᾽ ἀναγκασθεῖμεν ἀποληφθέντες
που, οἷα δὴ ἐπὶ στρατείας, ἀσιτεῖν, οὐδὲν ἦσαν οἱ ἄλλοι πρὸς 220
τὸ καρτερεῖν· ἔν τ᾽ αὖ ταῖς εὐωχίαις μόνος ἀπολαύειν οἷός τ᾽

ἦν τά τ' ἄλλα καὶ πίνειν οὐκ ἐθέλων, ὁπότε ἀναγκασθείη, πάντας ἐκράτει, καὶ ὃ πάντων θαυμαστότατον, Σωκράτη μεθύοντα οὐδεὶς πώποτε ἑώρακεν ἀνθρώπων. τούτου μὲν οὖν μοι δοκεῖ καὶ αὐτίκα ὁ ἔλεγχος ἔσεσθαι. πρὸς δὲ αὖ τὰς τοῦ χειμῶνος καρτερήσεις — δεινοὶ γὰρ αὐτόθι χειμῶνες —
B θαυμάσια εἰργάζετο τά τε ἄλλα καί ποτε ὄντος πάγου οἵου δεινοτάτου, καὶ πάντων ἢ οὐκ ἐξιόντων ἔνδοθεν, ἢ εἴ τις ἐξίοι, ἠμφιεσμένων τε θαυμαστὰ δὴ ὅσα καὶ ὑποδεδεμένων καὶ ἐνειλιγμένων τοὺς πόδας εἰς πίλους καὶ ἀρνακίδας, οὗτος δ' ἐν τούτοις ἐξῄει ἔχων ἱμάτιον μὲν τοιοῦτον, οἷόνπερ καὶ πρότερον εἰώθει φορεῖν, ἀνυπόδητος δὲ διὰ τοῦ κρυστάλλου ῥᾷον ἐπορεύετο ἢ οἱ ἄλλοι ὑποδεδεμένοι. οἱ δὲ στρατιῶται ὑπέβλεπον αὐτὸν ὡς καταφρονοῦντα σφῶν.

C XXXVI. Καὶ ταῦτα μὲν δὴ ταῦτα·

οἷον δ' αὖ τόδ' ἔρεξε καὶ ἔτλη καρτερὸς ἀνὴρ

ἐκεῖ ποτε ἐπὶ στρατιᾶς, ἄξιον ἀκοῦσαι. συννοήσας γὰρ αὐτόθι ἕωθέν τι εἱστήκει σκοπῶν, καὶ ἐπειδὴ οὐ προυχώρει αὐτῷ, οὐκ ἀνίει, ἀλλὰ εἱστήκει ζητῶν. καὶ ἤδη ἦν μεσημβρία, καὶ ἅνθρωποι ᾐσθάνοντο, καὶ θαυμάζοντες ἄλλος ἄλλῳ ἔλεγεν, ὅτι Σωκράτης ἐξ ἑωθινοῦ φροντίζων τι ἕστηκε. τελευτῶντες δέ τινες τῶν Ἰώνων, ἐπειδὴ ἑσπέρα ἦν, δειπνήσαντες — καὶ
D γὰρ θέρος τότε γ' ἦν — χαμεύνια ἐξενεγκάμενοι ἅμα μὲν ἐν τῷ ψύχει καθηῦδον, ἅμα δὲ ἐφύλαττον αὐτόν, εἰ καὶ τὴν νύκτα ἑστήξοι. ὁ δὲ εἱστήκει, μέχρι ἕως ἐγένετο καὶ ἥλιος ἀνέσχεν· ἔπειτα ᾤχετ' ἀπιὼν προσευξάμενος τῷ ἡλίῳ.

Εἰ δὲ βούλεσθε, ἐν ταῖς μάχαις· τοῦτο γὰρ δὴ δίκαιόν γε αὐτῷ ἀποδοῦναι· ὅτε γὰρ ἡ μάχη ἦν, ἐξ ἧς ἐμοὶ καὶ τἀριστεῖα ἔδοσαν οἱ στρατηγοί, οὐδεὶς ἄλλος ἐμὲ ἔσωσεν ἀνθρώ-
E πων ἢ οὗτος, τετρωμένον οὐκ ἐθέλων ἀπολιπεῖν, ἀλλὰ συνδιέσωσε καὶ τὰ ὅπλα καὶ αὐτὸν ἐμέ. καὶ ἐγὼ μέν, ὦ Σώκρατες, καὶ τότε ἐκέλευον σοὶ διδόναι τἀριστεῖα τοὺς

στρατηγούς· καὶ τοῦτό γέ μοι οὔτε μέμψῃ οὔτε ἐρεῖς, ὅτι
ψεύδομαι· ἀλλὰ γὰρ τῶν στρατηγῶν πρὸς τὸ ἐμὸν ἀξίωμα
ἀποβλεπόντων καὶ βουλομένων ἐμοὶ διδόναι τἀριστεῖα, αὐτὸς
προθυμότερος ἐγένου τῶν στρατηγῶν ἐμὲ λαβεῖν ἢ σαυτόν.

Ἔτι τοίνυν, ὦ ἄνδρες, ἄξιον ἦν θεάσασθαι Σωκράτη, ὅτε
ἀπὸ Δηλίου φυγῇ ἀνεχώρει τὸ στρατόπεδον· ἔτυχον γὰρ 221
παραγενόμενος ἵππον ἔχων, οὗτος δὲ ὅπλα. ἀνεχώρει οὖν
ἐσκεδασμένων ἤδη τῶν ἀνθρώπων οὗτός τε ἅμα καὶ Λάχης·
καὶ ἐγὼ περιτυγχάνω, καὶ ἰδὼν εὐθὺς παρακελεύομαί τε
αὐτοῖν θαρρεῖν, καὶ ἔλεγον, ὅτι οὐκ ἀπολείψω αὐτώ. ἐνταῦθα
δὴ καὶ κάλλιον ἐθεασάμην Σωκράτη ἢ ἐν Ποτειδαίᾳ — αὐτὸς
γὰρ ἧττον ἐν φόβῳ ἦ διὰ τὸ ἐφ' ἵππου εἶναι —, πρῶτον μέν,
ὅσον περιῆν Λάχητος τῷ ἔμφρων εἶναι· ἔπειτα ἔμοιγ' ἐδόκει, B
ὦ Ἀριστόφανες, τὸ σὸν δὴ τοῦτο, καὶ ἐκεῖ διαπορεύεσθαι
ὥσπερ καὶ ἐνθάδε, βρενθυόμενος καὶ τὠφθαλμὼ παραβάλλων,
ἠρέμα περισκοπῶν καὶ τοὺς φιλίους καὶ τοὺς πολεμίους,
δῆλος ὢν παντὶ καὶ πάνυ πόρρωθεν, ὅτι, εἴ τις ἅψεται
τούτου τοῦ ἀνδρός, μάλα ἐρρωμένως ἀμυνεῖται. διὸ καὶ
ἀσφαλῶς ἀπῄει καὶ οὗτος καὶ ὁ ἕτερος· σχεδὸν γάρ τι τῶν
οὕτω διακειμένων ἐν τῷ πολέμῳ οὐδὲ ἅπτονται, ἀλλὰ τοὺς
προτροπάδην φεύγοντας διώκουσιν. C

Πολλὰ μὲν οὖν ἄν τις καὶ ἄλλα ἔχοι Σωκράτη ἐπαινέσαι
καὶ θαυμάσια· ἀλλὰ τῶν μὲν ἄλλων ἐπιτηδευμάτων τάχ' ἄν
τις καὶ περὶ ἄλλου τοιαῦτα εἴποι, τὸ δὲ μηδενὶ ἀνθρώπων
ὅμοιον εἶναι, μήτε τῶν παλαιῶν μήτε τῶν νῦν ὄντων, τοῦτο
ἄξιον παντὸς θαύματος. οἷος γὰρ Ἀχιλλεὺς ἐγένετο, ἀπεικά-
σειεν ἄν τις καὶ Βρασίδαν καὶ ἄλλους, καὶ οἷος αὖ Περικλῆς,
καὶ Νέστορα καὶ Ἀντήνορα, εἰσὶ δὲ καὶ ἕτεροι· καὶ τοὺς
ἄλλους κατὰ ταὔτ' ἄν τις ἀπεικάζοι· οἷος δὲ οὑτοσὶ γέγονε D
τὴν ἀτοπίαν ἄνθρωπος, καὶ αὐτὸς καὶ οἱ λόγοι αὐτοῦ, οὐδ'
ἐγγὺς ἂν εὕροι τις ζητῶν, οὔτε τῶν νῦν οὔτε τῶν παλαιῶν, εἰ

μὴ ἄρα εἰ, οἷς ἐγὼ λέγω, ἀπεικάζοι τις αὐτόν, ἀνθρώπων μὲν
μηδενί, τοῖς δὲ σιληνοῖς καὶ σατύροις, αὐτὸν καὶ τοὺς λόγους.

XXXVII. Καὶ γὰρ οὖν καὶ τοῦτο ἐν τοῖς πρώτοις παρέλι-
πον, ὅτι καὶ οἱ λόγοι αὐτοῦ ὁμοιότατοί εἰσι τοῖς σιληνοῖς
E τοῖς διοιγομένοις. εἰ γὰρ ἐθέλοι τις τῶν Σωκράτους ἀκούειν
λόγων, φανεῖεν ἂν γελοῖοι τὸ πρῶτον· τοιαῦτα καὶ ὀνόματα
καὶ ῥήματα ἔξωθεν περιαμπέχονται, σατύρου αὖ τινα
ὑβριστοῦ δοράν. ὄνους γὰρ κανθηλίους λέγει καὶ χαλκέας
τινὰς καὶ σκυτοτόμους καὶ βυρσοδέψας, καὶ ἀεὶ διὰ τῶν
αὐτῶν τὰ αὐτὰ φαίνεται λέγειν, ὥστε ἄπειρος καὶ ἀνόητος
222 ἄνθρωπος πᾶς ἂν τῶν λόγων καταγελάσειεν. διοιγομένους δὲ
ἰδὼν ἄν τις καὶ ἐντὸς αὐτῶν γιγνόμενος πρῶτον μὲν νοῦν
ἔχοντας ἔνδον μόνους εὑρήσει τῶν λόγων, ἔπειτα θειοτάτους
καὶ πλεῖστα ἀγάλματα ἀρετῆς ἐν αὐτοῖς ἔχοντας καὶ ἐπὶ
πλεῖστον τείνοντας, μᾶλλον δὲ ἐπὶ πᾶν, ὅσον προσήκει σκοπεῖν
τῷ μέλλοντι καλῷ κἀγαθῷ ἔσεσθαι.

Ταῦτ᾽ ἐστίν, ὦ ἄνδρες, ἃ ἐγὼ Σωκράτη ἐπαινῶ· καὶ αὖ
ἃ μέμφομαι, συμμείξας ὑμῖν εἶπον, ἅ με ὕβρισεν. καὶ μέντοι
B οὐκ ἐμὲ μόνον ταῦτα πεποίηκεν, ἀλλὰ καὶ Χαρμίδην τὸν
Γλαύκωνος καὶ Εὐθύδημον τὸν Διοκλέους καὶ ἄλλους πάνυ
πολλούς, οὓς οὗτος ἐξαπατῶν ὡς ἐραστὴς παιδικὰ μᾶλλον
αὐτὸς καθίσταται ἀντ᾽ ἐραστοῦ. ἃ δὴ καὶ σοὶ λέγω, ὦ Ἀγάθων,
μὴ ἐξαπατᾶσθαι ὑπὸ τούτου, ἀλλ᾽ ἀπὸ τῶν ἡμετέρων παθημά-
των γνόντα εὐλαβηθῆναι, καὶ μὴ κατὰ τὴν παροιμίαν ὥσπερ
νήπιον παθόντα γνῶναι.

XIV. Der Ausgang des Gastmahles

C XXXVIII. Εἰπόντος δὴ ταῦτα τοῦ Ἀλκιβιάδου γέλωτα
γενέσθαι ἐπὶ τῇ παρρησίᾳ αὐτοῦ, ὅτι ἐδόκει ἔτι ἐρωτικῶς
ἔχειν τοῦ Σωκράτους. τὸν οὖν Σωκράτη· Νήφειν μοι δοκεῖς,
φάναι, ὦ Ἀλκιβιάδη. οὐ γὰρ ἄν ποτε οὕτω κομψῶς κύκλῳ

περιβαλλόμενος ἀφανίσαι ἐνεχείρεις, οὗ ἕνεκα ταῦτα πάντα
εἴρηκας, καί, ὡς ἐν παρέργῳ δὴ λέγων, ἐπὶ τελευτῆς αὐτὸ
ἔθηκας, ὡς οὐ πάντα τούτου ἕνεκα εἰρηκώς, τοῦ ἐμὲ καὶ
᾿Αγάθωνα διαβάλλειν, οἰόμενος δεῖν ἐμὲ μὲν σοῦ ἐρᾶν καὶ D
μηδενὸς ἄλλου, ᾿Αγάθωνα δὲ ὑπὸ σοῦ ἐρᾶσθαι καὶ μηδ᾿ ὑφ᾿
ἑνὸς ἄλλου. ἀλλ᾿ οὐκ ἔλαθες, ἀλλὰ τὸ σατυρικόν σου δρᾶμα
τοῦτο καὶ σιληνικὸν κατάδηλον ἐγένετο. ἀλλ᾿, ὦ φίλε ᾿Αγάθων,
μηδὲν πλέον αὐτῷ γένηται, ἀλλὰ παρασκευάζου, ὅπως ἐμὲ
καὶ σὲ μηδεὶς διαβαλεῖ. τὸν οὖν ᾿Αγάθωνα εἰπεῖν· Καὶ μήν,
ὦ Σώκρατες, κινδυνεύεις ἀληθῆ λέγειν. τεκμαίρομαι δὲ καὶ E
ὡς κατεκλίνη ἐν μέσῳ ἐμοῦ τε καὶ σοῦ, ἵνα χωρὶς ἡμᾶς διαλάβῃ. οὐδὲν οὖν πλέον αὐτῷ ἔσται, ἀλλ᾿ ἐγὼ παρὰ σὲ ἐλθὼν κατακλινήσομαι. Πάνυ γε, φάναι τὸν Σωκράτη, δεῦρο ὑποκάτω ἐμοῦ κατακλίνου.

῏Ω Ζεῦ, εἰπεῖν τὸν ᾿Αλκιβιάδην, οἷα αὖ πάσχω ὑπὸ τοῦ ἀνθρώπου. οἴεταί μου δεῖν πανταχῇ περιεῖναι. ἀλλ᾿, εἰ μή τι ἄλλο, ὦ θαυμάσιε, ἐν μέσῳ ἡμῶν ἔα ᾿Αγάθωνα κατακεῖσθαι. ᾿Αλλ᾿ ἀδύνατον, φάναι τὸν Σωκράτη. σὺ μὲν γὰρ ἐμὲ ἐπήνεσας, δεῖ δὲ ἐμὲ αὖ τὸν ἐπὶ δεξί᾿ ἐπαινεῖν. ἐὰν οὖν ὑπὸ σοὶ κατακλινῇ ᾿Αγάθων, οὐ δήπου ἐμὲ πάλιν ἐπαινέσεται, πρὶν
ὑπ᾿ ἐμοῦ μᾶλλον ἐπαινεθῆναι; ἀλλ᾿ ἔασον, ὦ δαιμόνιε, καὶ μὴ 223
φθονήσῃς τῷ μειρακίῳ ὑπ᾿ ἐμοῦ ἐπαινεθῆναι· καὶ γὰρ πάνυ ἐπιθυμῶ αὐτὸν ἐγκωμιάσαι. ᾿Ιοῦ ἰοῦ, φάναι τὸν ᾿Αγάθωνα, ᾿Αλκιβιάδη, οὐκ ἔσθ᾿, ὅπως ἂν ἐνθάδε μείναιμι, ἀλλὰ παντὸς μᾶλλον μεταναστήσομαι, ἵνα ὑπὸ Σωκράτους ἐπαινεθῶ. Ταῦτα ἐκεῖνα, φάναι τὸν ᾿Αλκιβιάδην, τὰ εἰωθότα· Σωκράτους παρόντος τῶν καλῶν μεταλαβεῖν ἀδύνατον ἄλλῳ. καὶ νῦν ὡς εὐπόρως καὶ πιθανὸν λόγον ηὗρεν, ὥστε παρ᾿ ἑαυτῷ τουτονὶ κατακεῖσθαι.

XXXIX. Τὸν μὲν οὖν ᾿Αγάθωνα ὡς κατακεισόμενον B
παρὰ τῷ Σωκράτει ἀνίστασθαι· ἐξαίφνης δὲ κωμαστὰς ἥκειν

παμπόλλους ἐπὶ τὰς θύρας, καὶ ἐπιτυχόντας ἀνεῳγμέναις, ἐξιόντος τινός, εἰς τὸ ἄντικρυς πορεύεσθαι παρὰ σφᾶς καὶ κατακλίνεσθαι, καὶ θορύβου μεστὰ πάντα εἶναι, καὶ οὐκέτι ἐν κόσμῳ οὐδενὶ ἀναγκάζεσθαι πίνειν πάμπολυν οἶνον. τὸν μὲν οὖν Ἐρυξίμαχον καὶ τὸν Φαῖδρον καὶ ἄλλους τινὰς ἔφη ὁ Ἀριστόδημος οἴχεσθαι ἀπιόντας, ἓ δὲ ὕπνον λαβεῖν, καὶ
C καταδαρθεῖν πάνυ πολύ, ἅτε μακρῶν τῶν νυκτῶν οὐσῶν, ἐξεγρέσθαι δὲ πρὸς ἡμέραν ἤδη ἀλεκτρυόνων ᾀδόντων, ἐξεγρόμενος δὲ ἰδεῖν τοὺς μὲν ἄλλους καθεύδοντας καὶ οἰχομένους, Ἀγάθωνα δὲ καὶ Ἀριστοφάνη καὶ Σωκράτη ἔτι μόνους ἐγρηγορέναι καὶ πίνειν ἐκ φιάλης μεγάλης ἐπὶ δεξιά. τὸν οὖν Σωκράτη αὐτοῖς διαλέγεσθαι· καὶ τὰ μὲν ἄλλα ὁ
D Ἀριστόδημος οὐκ ἔφη μεμνῆσθαι τῶν λόγων — οὔτε γὰρ ἐξ ἀρχῆς παραγενέσθαι ὑπονυστάζειν τε —, τὸ μέντοι κεφάλαιον, ἔφη, προσαναγκάζειν τὸν Σωκράτη ὁμολογεῖν αὐτοὺς τοῦ αὐτοῦ ἀνδρὸς εἶναι κωμῳδίαν καὶ τραγῳδίαν ἐπίστασθαι ποιεῖν, καὶ τὸν τέχνῃ τραγῳδοποιὸν ὄντα καὶ κωμῳδοποιὸν εἶναι. ταῦτα δὴ ἀναγκαζομένους αὐτοὺς καὶ οὐ σφόδρα ἑπομένους νυστάζειν, καὶ πρότερον μὲν καταδαρθεῖν τὸν Ἀριστοφάνη, ἤδη δὲ ἡμέρας γιγνομένης τὸν Ἀγάθωνα. τὸν οὖν Σωκράτη, κατακοιμίσαντ᾽ ἐκείνους, ἀναστάντα ἀπιέναι, καὶ ἕ, ὥσπερ εἰώθει, ἕπεσθαι, καὶ ἐλθόντα εἰς Λύκειον, ἀπονιψάμενον, ὥσπερ ἄλλοτε τὴν ἄλλην ἡμέραν διατρίβειν, καὶ οὕτω διατρίψαντα εἰς ἑσπέραν οἴκοι ἀναπαύεσθαι.

Abweichungen vom Text Burnets

172 A 5 περιμενεῖς pro περιμένεις: Ald.

172 C 2 ἔγώ γε δή pro ἔγώγε δὴ

174 E 3 [τῶν] ἔνδοθεν: BTW

175 D 5 τὸν κενώτερον pro τὸ κενώτερον: corr. Coisl.

176 B 7 Ἀγάθων pro Ἀγάθων⟨ος⟩: BTW

178 B 4 αὐτὰρ ἔπειτα [Γαῖ' εὐρύστερνος, πάντων ἕδος ἀσφαλὲς αἰεί, ἠδ' Ἔρος]: secl. Hermann — φησὶ add.: BTW

178 B 6 Γένεσιν pro γένεσιν: Hermann-Wohlrab, Hug, Schmelzer-Harder

178 C 1 Ἡσιόδῳ δὲ καὶ Ἀκουσίλεως ὁμολογεῖ: haec verba a Burnet auctoribus Schanz et F. A. Wolf post ἠδ' Ἔρος B 7 transposita reposui post πάντων: BTW — ὁμολογεῖ pro σύμφησιν: BTW

179 B 7 μαρτυρίαν παρέχεται [ὑπὲρ τοῦδε τοῦ λόγου]: del. Fr. A. Wolf, secl. Jahn, Schanz, Hug

180 A 6 ἀλλ' ἄρα pro ἀλλ' ἅμα: Robin, ἀλλὰ ἄρα TW

181 C 3 ἀλλ' ἄρρενος μόνον [— καὶ ἔστιν οὗτος ὁ τῶν παίδων ἔρως —]: secl. Schütz, Jahn, Schanz, Hug, Bury

182 A 5 ὁτιοῦν [⟨πρᾶγμα⟩] πραττόμενον: BTW

182 A 7 ὁ δ' ἐνθάδε [καὶ ἐν Λακεδαίμονι]: secl. Winckelmann, Jahn, Schanz, Hug, Bury, transpos. post ἐν Ἤλιδι μὲν γὰρ Robin

183 A 1 πλὴν τοῦτο φιλοσοφίας, τὰ μέγιστα κτἑ. distinxi pro πλὴν τοῦτο, φιλοσοφίας τὰ μέγιστα κτἑ; cf. Reynen, Hermes 95, 1967, 308 ff.

183 A 5 ἀντιβολήσεις ἐν ταῖς δεήσεσι ποιούμενοι [καὶ ὅρκους ὀμνύντες]: del. Vögelin, Jahn, cf. Reynen, Hermes 89, 1961, 495 ff., Wien. Stud. 80, 1967, 74 ff.

183 B 2 αὐτοῦ pro αὐτῶν: Orelli, Hermann, Jahn, Schanz, Hug

183 B 6 τὸν ὅρκον pro τῶν ὅρκων: Y, Cyrill., Stob., Schanz, B τῶν ὅρκον

184 A 1 βασανίζειν [καὶ τοῖς μὲν χαρίσασθαι, τοὺς δὲ διαφεύγειν]: del. Badham, secl. Jahn, Schanz, Hug, Bury

184 D 6 ἀγαθὸν ⟨ὑπουργῶν⟩: Hug — ὑπουργεῖν pro ὑπουργῶν ⟨ὑπουργεῖν⟩: Y et vulg., Jahn

185 B 4 οὕτω [πᾶν] πάντως: BTW

185 E 2 κνήσαις pro κινήσαις: Stob., Wyttenbach, Robin

186 D 7 ψυχρὸν θερμῷ [πικρὸν γλυκεῖ]: del. Thiersch, secl. Hug

190 D 6 ἀσκωλίζοντες pro ἀσκωλιάζοντες BT

190 E 1 ὥσπερ οἱ τὰ ὄα τέμνοντες καὶ μέλλοντες ταριχεύειν [ἢ ὥσπερ οἱ τὰ ᾠὰ ταῖς θριξίν]: del. Sydenham, Rettig, secl. Schanz, Hug

191 C 3 γέννησιν pro γένεσιν: Vermehren, Jahn, Schanz — ἐποίησεν [διὰ τοῦ ἄρρενος ἐν τῷ θήλει]: secl. Schanz, Hug

192 B 2 οὐ προσέχουσι τὸν νοῦν [φύσει, ἀλλ' ὑπὸ τοῦ νόμου ἀναγκάζονται]: secl. Hug

193 B 2 ὧν pro ὡς: em. Vat. 229, Stephanus

194 A 4 εἴπῃ, καὶ μάλ' pro εἴπῃ εὖ, καὶ μάλ': Wilamowitz

194 B 5 θορυβηθήσεσθαι pro θορυβήσεσθαι: B, Robin

195 E 1 χρησώμεθα pro χρησόμεθα: BT

196 A 4 συμμέτρου δὲ [καὶ ὑγρᾶς] ἰδέας: secl. Jahn, Schanz, Hug

196 B 3 ἐνταῦθα [δὲ]: BTW

197 B 6 ἔνι Ἔρως pro ἔπι ἔρως

197 C 6 νηνεμίαν ἀνέμων pro νηνεμίαν, ἀνέμων: Hermann-Wohlrab

197 D 3 θυσίαις pro θυσίαισι: BT

197 D 5 ἀγαθοῖς pro ἀγαθός: Stob.

199 B 4 ὀνόμασι pro ὀνομάσει: BT

203 B 2 εἱστιῶντο pro ἡστιῶντο: B^{2}WT^{2} Y Hermog., Orig., Eus.

203 E 3 ὅταν εὐπορήσῃ: haec verba et apud Burnet et in libris manu scriptis post ζῇ posita transposui post ἀναβιώσκεται Wilamowitz et Robin secutus

203 E 5 πλουτεῖ. Σοφίας pro πλουτεῖ, σοφίας: Robin

205 D 3 ἐπιθυμία . . . τοῦ εὐδαιμονεῖν [ὁ μέγιστός τε καὶ δολερὸς ἔρως παντί]: del. Badham, secl. Hug

206 B 1 τούτου pro τοῦτο: Bast, Hermann, Jahn, Schanz, Hug, Bury — ἐστὶν [ἀεί]: del. Schanz, secl. Hermann, Hug

207 A 2 ⟨ὁ⟩ ἔρως: Bekker, Jahn, Schanz, Hug

207 D 2 ταύτῃ μόνον [, τῇ γενέσει]: del. Vermehren, secl. Schanz, Hug

208 B 3 ἀδύνατον pro ἀθάνατον: Creuzer

208 C 3 [περὶ] ἃ ἐγὼ εἴρηκα: secl. Ast, Usener, Schanz, Hug, Bury, del. Wilamowitz

209 A 6 τὰς pro τὰ: BTW Oxy.

209 A 7 διακοσμήσεις pro διακόσμησις: Y, Robin

209 B 2 θεῖος pro ἤθεος: BTW Oxy.

209 B 9 [περὶ] οἷον χρὴ εἶναι: del. Jahn, Schanz, Hug, Bury
210 D 1 τῷ pro τὸ: Schleiermacher
211 A 8 ζῴῳ pro ζῴω
211 C 6 ἕως ἂν pro καὶ: Stallbaum, Rettig, ἔστ' ἂν Robin
211 C 7 τελευτήσῃ pro τελευτῆσαι: BTW
212 E 8 ἀνειπὼν pro ἐὰν εἴπω Hermann, Wilamowitz, Robin
213 B 2 καθίζειν pro κατιδεῖν: BTW
213 C 7 ἐπαμυνεῖς pro ἐπαμύνεις: Stephan., Robin
214 E 4 ἐπαινέσεις pro ἐπαινέσαι: BTW
216 D 3 ἐκπέπληκται, [καὶ αὖ ἀγνοεῖ πάντα καὶ οὐδὲν οἶδεν,] ὡς τὸ σχῆμα αὐτοῦ: del. Bast, secl. Jahn, Schanz, Hug, Burnet post οἶδεν interpunxit
217 D 4 ἐδεδειπνήκει pro ἐδεδειπνήκεμεν: BTW Oxy. — [ἀεὶ] πόρρω: BTW Oxy.
220 B 1 εἰργάζετο pro ἠργάζετο: BTW Oxy.
221 E 3 αὖ τινα pro δή τινα: Rückert, ἄν τινα TW, τινα BY Oxy.
222 A 4 ἀγάλματα pro ἀγάλματ': BTW Oxy.
Partem librorum manu scriptorum et Robin secutus et υἱός etc. pro ὑός etc. scripsi (179 C 2, E 2, 199 D 7, 203 B 3) et ν quod dicitur ἐφελκυστικόν nunc addidi (180 C 2 διεμνημόνευεν) nunc praetermisi (175 E 6 ἐξέλαμψε, 183 A 4 δεήσεσι, C 8 ὁρῶσι, 186 B 8 ἔλεγε, C 2 σώμασι, 189 E 7 χερσί, 206 C 2 κυοῦσι, E 2 ἔστι, 208 A 8 παντάπασι, 210 B 3 πᾶσι, 213 A 6 ἐπίπροσθε, D 1 ἔξεστί, 216 E 7 ἑώρακε).

Verzeichnis der Eigennamen

Ἀγάθων (172 A, 172 C, 173 A, 174 A, E 2mal, 175 A, B, C 2mal, D,E,177 D, 193 B, E 2mal, 194 A 2mal, B 2mal, C, D,E, 198 A 3mal, C, 199 B, C, D, 200 B, C, D, 201 A, B, C 2mal, D 2mal, 212 C, D 2mal, E, 213 A 2mal, B 2mal, C, E 2mal, 218 B, 222 B, D 4mal, E 2mal, 223 A, B, C, D) Sohn des Tisamenos, geboren etwa 450–445, gestorben um 400 am Hof des makedonischen Königs Archelaos in Pella. Er war einer der bedeutendsten Tragödiendichter seiner Zeit. Platon rühmt seine körperliche Schönheit, Aristophanes verspottet ihn wegen seines weibischen Wesens und seiner Eitelkeit. Sein Liebesverhältnis zu Pausanias war stadtbekannt. Das Smp. zeigt ihn als Mann von Welt und vornehmen Herrn, der gerne ein großes Haus macht. Mit dem Sokratischen Kreis verbanden ihn persönliche Beziehungen, wahrscheinlich auch mit Gorgias und Prodikos, deren Schüler im Stil er jedenfalls ist. Dass seine Rede über den Eros voll ist von Klangfiguren aller Art in gorgianischer Manier, kommt nicht von ungefähr, vielmehr galten sie schon im Altertum als Charakteristikum seiner Dichtung. Seine Stellung innerhalb der Entwicklung der griechischen Tragödie wird weiter dadurch gekennzeichnet, dass die Chorlieder ihren Zusammenhang mit der Fabel des Stückes verlieren und zu bloßen Einlagen werden. Ihre weichliche und süßliche Art wurde von der Komödie verspottet. Ἀγάθωνος αὔλησις wurde sprichwörtlich.

Ἀγαμέμνων (174 B, C) Sohn des Atreus und der Aerope, König von Mykene in der Argolis. Von ihm aufgeboten, zogen die achäischen Fürsten gegen Troja. Er selbst stellte das größte Aufgebot. Sein Streit mit Achill ist das Hauptthema der Ilias. Während er vor Troja kämpfte, verführte Aigisthos, der Sohn des Thyestes, seine Gattin Klytaimnestra. Nach seiner Heimkehr von Troja wurde er von diesen beiden ermordet.

Ἄδμητος (208 D) Sohn des Phereus, König von Pherai in Thessalien. Mit Hilfe Apollons gewinnt er die Peliastochter Alkestis zur Frau. Doch vergisst er, vor der Hochzeit der Artemis zu opfern. Diese schickt ihm aus Rache Schlangen ins Brautgemach. Damit er auch künftig vor ihren Anschlägen sicher ist, erwirkt Apollon von den Moiren das Versprechen, ihn zu schonen, wenn ein anderer freiwillig für ihn den Tod auf sich nimmt.

Ἅιδης (179 C, D 2mal, 192 E) auch Pluton genannt, Sohn des Kronos und der Rheia, Gemahl der Persephone. Als die drei Kronossöhne Zeus, Poseidon und Hades die Welt unter sich teilten, fiel dem Hades die Unterwelt zu. Eintreten in sein Haus darf jeder, doch eine Rückkehr gibt es nicht. Diese gelang nur Herakles, als er von Eurystheus in die Unterwelt geschickt wurde, um den Hadeshund Kerberos zu rauben.

Ἀθηνᾶ (197 B) Tochter des Zeus, aus dessen Haupt sie in voller Rüstung hervorsprang (vgl. zu Μῆτις). Als Kriegsgöttin zeichnete sie sich im Kampf der Olympier gegen die Giganten aus. Im Trojanischen Krieg stand sie auf Seiten der Griechen. Als Friedensgöttin brachte sie den Menschen Pflug und Rechen, Spinnrad und Webstuhl und lehrte sie die entsprechenden Fertigkeiten.

Ἀθηναῖος (201 D, 216 A) Bewohner der Stadt Athen.

Αἴας (219 E) Sohn des Telamon, des Königs von Salamis, und der Eriboia. Er war nach Achill der stärkste der achäischen Helden vor Troja. Tragisch ist sein Ende. Wegen der Waffen Achills gerät er in Streit mit Odysseus. Beide rufen ein Schiedsgericht an, das Odysseus die Waffen zuerkennt. Empört will A. die achäischen Heerführer ermorden. Doch Athene lässt ihn wahnsinnig werden. Im Wahnsinn sieht er die Herden für die Schar seiner Gegner an und metzelt sie nieder. Wieder bei Sinnen, erkennt er seine Schande und stürzt sich in sein Schwert. Seine Unverwundbarkeit (219 E) geht auf ein Gebet des Herakles an Zeus für seinen Gastgeber Telamon zurück.

Αἰσχύλος (180 A) Sohn des Euphorion aus Eleusis, der früheste der drei großen Tragiker der Griechen, ca. 525–456. Von seinen rund 90 Stücken sind sieben erhalten, darunter eine vollständige Trilogie, die Orestie.

Ἀκουμενός (176 B, 198 A) Arzt in Athen, Vater des Eryximachos, ebenfalls wie dieser ein Befürworter der Mäßigkeit.

Ἀκουσίλεως (178 C), attisch für Ἀκουσίλαος, aus Argos, Verfasser von Γενεαλογίαι in drei Büchern, in denen er im Wesentlichen Hesiod in ionische Prosa umsetzte, ergänzte und berichtigte. Er wirkte um die Mitte des 5. Jh. v. Chr.

Ἄλκηστις (179 D, 180 B, 208 D) Tochter des Pelias und der Anaxibia, Gattin des Admetos. Als ihr Gatte eines frühen Todes sterben soll und niemand, auch sein alter Vater Pheres nicht, für ihn sterben will, obwohl er durch solch einen freiwilligen Tod gerettet werden könnte, opfert sich A. Unmittelbar nach ihrem Tode kommt Herakles zum Hause Admets und wird gastfreundlich aufgenommen. Als er von dem Unglück erfährt, verfolgt er den Thanatos und zwingt ihn in einem Ringkampf, seine Beute wieder herauszugeben.

Ἀλκιβιάδης (172 B, 212 D, 213 B 2mal, D, 214 A, B, C, D, E 2mal, 218 D, 222 C 2mal, E, 223 A 2mal) geboren kurz vor 450, Sohn des Kleinias, aus dem Adelsgeschlecht der Eupatriden und dem Demos Skambonidae im Norden Athens. Über seine Mutter Deinomache war er mit dem Adelsgeschlecht der Alkmeoniden und dem großen Gesetzgeber Kleisthenes verwandt. Perikles war sein Oheim und Vormund. Zur Zeit des Smp. stand der mit außerordentlicher Schönheit und hervorragenden geistigen Anlagen begabte, aber unbeherrschte und auf sich selbst bezogene Fünfunddreißigjährige an der Spitze der Demokraten und auf der Höhe seines Selbstbewusstseins. Im selben Jahre 416 nahm er mit sieben Gespannen an den Olympischen Wettkämpfen teil und wurde Erster, Zweiter und Vierter. Ein Jahr später unternahmen die Athener auf sein Betreiben hin die Sizilische Expedition, die fehlschlug und entscheidend zur Niederlage Athens im Kriege gegen Sparta beitrug. Er war neben Nikias und Lamachos zum Feldherrn für das Unternehmen gewählt worden, wurde aber zurückbeordert, um sich wegen des Hermokopidenfrevels zu verantworten. Da floh er nach Sparta und arbeitete nun gegen seine Vaterstadt. Nach dem Sturz der Oligarchen in Athen 411 schlug er sich wieder auf die Seite Athens, wurde rehabilitiert und erneut zum Feldherrn gewählt, ging aber 407 nach einer Niederlage seines Unterfeldherrn freiwillig zum zweiten Mal in die Verbannung. Nachdem er 404 von den Dreißig geächtet worden war, ließ Pharnabazos ihn in Melissa in Phrygien ermorden. Seine Rede im Smp. zeigt sehr schön seine Selbstherrlichkeit und sein herrisches Wesen, aber auch seine Verehrung für Sokrates, dem er sich eine Zeit lang angeschlossen hatte, Doch war dessen Einfluss nicht imstande, seinen Charakter wesentlich zu ändern. Die Zugehörigkeit von Leuten wie A. und Kritias (s. zu Χαρμίδης) zum Sokratischen Kreis diente später dazu, Sokrates zu verleumden und als Sophisten zu stempeln. Wenn Pausanias berichtet, dass A. als Wappen in seinem goldenen Schild einen Eros mit einem Blitz in der Hand führte, dann zeigt dies, dass er nicht von ungefähr im Smp. als Redner erscheint.

Ἀνάγκη (195 C, 197 B) Personifikation der unabänderlichen Notwendigkeit, dem Ἔρως entgegengestellt.

Ἀντήνωρ (221 C) vornehmer Troer, Gatte der Priesterin Theano, Vater von elf Söhnen, von denen viele vor Troja fielen. Als vor Beginn der Kämpfe Odysseus und Menelaos als Gesandte nach Troja kamen, bewirtete er sie in seinem Hause. Als Mann des Ausgleichs und des Rechts riet er auch späterhin, Helena und die geraubten Schätze zurückzugeben und Frieden zu schließen. Die spätere Sage hat ihn deshalb zum Verräter werden lassen.

Ἀπολλόδωος; (172 A 2mal, 173 D, E) aus Phaleron, dem ältesten Hafen Athens östlich des Piräus, Bruder des Aiantodoros, ein schwärmerischer Anhänger des Sokrates und sein unzertrennlicher Begleiter. Im Prozess des Sokrates erklärte er sich mit bereit zur Bürgschaft für die 30 Minen, die Sokrates auf Drängen seiner Freunde schließlich als Strafe für sich beantragte. Platon charakterisiert den unphilosophischen Mann im Phaidon als weich und überschwänglich in seinen Gefühlen (vgl. Smp. 173 D μαλακός), Xenophon bezeichnet ihn sogar geradezu als εὐήθης (treuherzig, einfältig, naiv).

Ἀπόλλων (190 E, 197 A) Sohn des Zeus und der Leto, Zwillingsbruder der Artemis, Schützer der Saaten gegen Schädigungen, Beschützer der Herden. In der Ilias schickt er dem achäischen Heer die Pest. Als Gott, der die Krankheiten sendet, erhält er als Attribut den Bogen und wird so der Lehrmeister der τοξική. Wer aber die Krankheit verhängt, kann sie auch beseitigen. So wird A. zum Heilgott. Mit dieser Funktion hängt auch die als Sühnegott eng zusammen. Denn wie man Krankheiten abwäscht, so beseitigt man auch bei der Sühnung die Verunreinigung. Am bekanntesten aber ist A. als Weissagegott, der an vielen Orten Griechenlands und Kleinasiens Orakel erteilte.

Ἄρης (196 D 3mal) Sohn des Zeus und der Hera, Kriegsgott, in der Ilias direkte Personifikation des grausamen, blutbesudelten Kampfes. Zeus nennt ihn den verhasstesten der Götter. Sein Widerpart ist Athena. In einem Liede, das ein Sänger in der Odyssee singt, ertappt ihn Hephaistos einmal beim Ehebruch mit seiner Gattin Aphrodite und stellt ihn vor den Göttern bloß.

Ἀριστογείτων (182 C) suchte an den Panathenäen des Jahres 514 die Herrschaft der Peisistratiden zu stürzen, um Rache zu nehmen für eine Beleidigung seines Geliebten Harmodios, den Hipparchos, der Bruder des Tyrannen Hippias, hatte für sich gewinnen wollen, ohne jedoch Gehör zu finden. Der Aufstand schlug fehl. Hipparchos wurde zwar ermordet, aber Hippias blieb Herr der Lage. Harmodios kam gleich beim Anschlag auf Hipparchos um, A. wurde bald danach ergriffen und getötet. Später wurden die beiden in Athen als Befreier von der Tyrannis gefeiert. In Wirklichkeit haben sie nur indirekt den Sturz der Peisistratiden herbeigeführt, indem sie duch ihre Tat den Hippias dazu brachten, den Bogen allzu straff zu spannen. Ihre von Antenor gefertigte Statue wurde von Xerxes nach Susa gebracht, von Alexander d. Gr. zurückgeschenkt. In der Zwischenzeit waren ihnen 477/476 neue Statuen auf dem Markte errichtet worden.

Ἀριστόδημος (173 B, 174 E, 175 A, 176 C, 178 A, 185 C, 198 A, 218 B, 223 B, D) aus dem stadtathenischen Demos Kydathenai, mit dem Beinamen ὁ μικρός, ein begeisterter Verehrer und Anhänger des Sokrates, dem er auf Schritt und Tritt folgte, durch seine Barfüßigkeit als Sokratiker gekennzeichnet.

Ἀριστοφάνης (176 B, 177 E, 185 C, E, 188 E, 189 A 2mal, B 2mal, C, 212 C, 213 C, 218 B, 221 B, 223 C, D) aus dem städtischen Demos Kydathenai, geboren um 445. Sein Vater Philippos war wohl Kleruch auf Aigina. Er ist der einzige Dichter der älteren attischen Komödie, von dem wir ganze Stücke haben, insgesamt elf. Gestorben dürfte er in den achtziger Jahren sein. Die Stücke der älteren Komödie sind politisch-satirische Dramen, die auch vor persönlichen Angriffen unter Nennung des Namens nicht zurückschrecken. So hat A. in den Wolken, die auf die Sophistik zielen, Sokrates als den Vertreter dieser neuen Weise des Denkens und Erziehens angegriffen und ihn trotz aller spezifisch sokratischen Züge, mit denen seine Gestalt ausgestattet ist, als Sophisten hingestellt. Dass die Vorwürfe, die gegen Sokrates bei seinem Prozess erhoben wurden und zu seiner Verurteilung geführt haben, nicht zuletzt aus diesem Stück rühren, sagt Platon in der Apologie. Dennoch ist sein Bild des A. im Smp. nicht von der geringsten Gehässigkeit geprägt, vielmehr beweisen die Rede des A. und die Schlussszene, die A. und Sokrates in lebhaftem Gespräch zeigt, dieselbe große Hochachtung des Philosophen vor dem Komiker, die aus einem Epigramm Platons auf ihn spricht.

Ἀρκάδες (193 A) Volk in der Gebirgslandschaft inmitten der Peloponnes, ringsum von der See abgeschnitten, der älteren griechischen Einwanderungsschicht angehörig. Um die spartanische Macht in Arkadien gegen die schon während des Peloponnesischen Krieges sich regenden Unabhängigkeitsbestrebungen der Arkader zu festigen, belagerte Agesipolis 385 die durch Zusammensiedlung (συνοικισμός) aus fünf κῶμαι entstandene Stadt Mantinea, die sich geweigert hatte, ihre Mauern zu schleifen, und löste sie wieder in ihre Komen auf. Nach Spartas Niederlage bei Leuktra 371 wurde Mantinea wiederaufgebaut und durch συνοικισμός eine Bundeshauptstadt gegründet, Megalopolis.

Ἁρμόδιος (182 C) s. zu Ἀριστογείτων.

Ἀσκληπιός (186 E) Heilgott, Sohn der Koronis und des Ischys. Später brachte man ihn mit Apollon in Verbindung und nannte diesen seinen Vater. Vom kräuterkundigen Kentauren Chiron lernte er die Heilkunde. Machaon und Podaleirios, die beiden Arzte in der Ilias, sind seine Söhne. Hauptattribut des Gottes und in seinen Heiligtümern als heilig angesehenen war die Schlange. Im Anschluss an seine Tempel entwickelten sich die griechischen Ärzteschulen. Daher nannten sich viele Ärzte Asklepiaden.

Ἄτη (195 D) Personifikation der Unheil bringenden Verblendung.

Ἀφροδίτη (177 E, 180 D, 181 A, 196 D, 203 B, C 2mal) Göttin der geschlechtlichen Liebe und der Schönheit. Doch hat sie auch Beziehungen zum Meere und zur Seefahrt. Bei Homer ist sie Tochter des Zeus und der Dione und vermählt mit Hephaistos, hintergeht ihn aber mit Ares. Als Kinder dieser Verbindung werden u. a. Eros und Anteros genannt, doch ist dies reine genealogische Konstruktion. Auf die orientalische Herkunft der Göttin weist der Beiname Οὐρανία, er ist also alt und bezeichnet die Himmelsgöttin (s. unter Οὐρανός). Sie hatte in Athen zwei Tempel, einen auf dem Markthügel mit einem von Phidias gearbeiteten Kultbild und einen außerhalb der Mauern im Südosten der Stadt mit einem Kultbild von dem Phidiasschüler Alkamenes. Dagegen kennzeichnet das Wort Πάνδημος die Göttin zunächst als bei allen Ständen und Gemeinden des Volkes gegenwärtig bzw. als für das ganze Volk sorgend. Der Tempel der Pandemos stand auf dem südwestlichen Abhang der Akropolis unterhalb des Niketempels. Da an diesen Tempel seit Solon die Organisation des Hetärenwesens geknüpft war, ist es verständlich, wenn man ihren Namen jetzt umdeutete und aus der ursprünglichen Gemeindegöttin die Göttin der sinnlichen Liebe wurde. Im Gegensatz zu ihr wurde die Οὐρανία wiederum die Göttin der nicht körperlichen Liebe. Pausanias freilich bannt in seiner Rede das sinnliche Element nicht völlig aus dieser Liebe, lässt sie aber ganz auf die ἀρετή bezogen sein und ordnet die körperliche Schönheit der seelischen, dem χρηστὸν ἦθος, unter.

Ἀχιλλεύς (179 E, 180 A, B, 208 D, 221 C) Sohn des Peleus und der Nereide Thetis. Vor Troja führt A. das Aufgebot der Myrmidonen, eines südthessalischen Stammes in der Phthiotis, deren König er gleich seinem Vater ist. Als er sich wegen seines Streites mit Agamemnon mit seinen Kriegern vom Kampf zurückzieht, geraten die Achäer in große Bedrängnis. Schon ist Hektor bis zum Schiffslager vorgedrungen und wirft Feuer in die Schiffe, da entsendet A. seinen Freund Patroklos auf dessen Bitten hin mit den Myrmidonen in seiner eigenen Rüstung. Patroklos drängt die Troer bis nahe an die Stadt zurück, fällt aber schließlich im Kampf. Die Rüstung wird Hektors Beute. Um seinen Freund zu rächen, greift nun A. in einer neuen, von Hephaistos gefertigten Rüstung wieder in den Kampf ein und tötet Hektor. So erwirbt er unsterblichen Ruhm, denn mit Hektors Tod ist die Vorbedingung für Trojas Fall geschaffen, er selber aber verwirkt durch seine Tat sein Leben. Er fällt vor Troja, von einem Pfeil des Paris getroffen.

Βοιωτοί (182 B) Volk in Mittelgriechenland um den Kopaïssee herum, von Attika durch den Kithairon getrennt, im Norden von den Lokrern, im Osten von den Phokäern umgeben. Wie die Sprache lehrt, sind in den Böotern äolische und nordwestgriechische Elemente gemischt.

Βρασίδας (221 C) Sohn des Tellis, der hervorragendste spartanische Feldherr im ersten Teil des Peloponnesischen Krieges. Er rettete 431 Methone in Ostmessenien vor den Athenern und zeichnete sich vor Pylos aus. Als Nikias 424 Kythera besetzte, die Peloponnes blockierte und der Sieg über Sparta nur noch eine Frage der Zeit erschien, zog B., mit einer kleinen Streitmacht den Chalkidiern zu Hilfe gesandt, in einem bewunderungswürdigen Landmarsch über den Isthmos und durch Böotien und Thessalien zur Chalkidike, wo er dem Ansehen Athens einen schweren Schlag versetzte, und führte so eine Wendung der Lage herbei. Amphipolis wurde eingenommen, bevor der Historiker Thukydides es zu decken vermochte, und zahlreiche Städte fielen von Athen ab und schlossen sich ihm an. 422 wurde er in einer Schlacht mit Kleon, der gleichfalls fiel, vor Amphipolis tödlich verwundet. Die Bewohner der Stadt errichteten ihm ein Denkmal und erwiesen ihm heroische Ehren.

Γῆ (178 B) die Erde, die laut Hesiod nach dem Chaos entstand und auf deren Verbindung mit Uranos und Pontos, die beide aus ihr hervorgegangen sind, die Theogonie Hesiods im Wesentlichen aufgebaut ist.

Γλαύκων[1] (172 C) wohl der jüngere Bruder Platons, Sohn des Ariston und der Periktione, der auch im Eingangsgespräch von Platons Parmenides und als Gesprächspartner des Sokrates im Staat begegnet. Nach Xenophon hat er sich, noch nicht zwanzigjährig, dem öffentlichen Leben widmen wollen, wurde aber von Sokrates davon abgebracht. Wie sein berühmterer Bruder hat er Dialoge geschrieben, von denen uns neun Titel überliefert sind, doch ist von seinen Schriften selbst nichts erhalten.

Γλαύκων[2] (222 B) Sohn des Kritias, Vater des Charmides und der Periktione, der Mutter Platons.

Γοργίας (198 C 2mal) der Sophist, lebte etwa von 490 bis 390. 427 kam er als Gesandter seiner Vaterstadt Leontinoi in Westsizilien nach Athen, wo er durch die Kunst seiner Rede einen ungeheuren Eindruck machte. Durch den Wohllaut seiner Sprache, die sich in der Wortwahl und durch überreiche Verwendung der nach ihm benannten Redefiguren (σχήματα Γοργίεια) über die einfache Prosa erhob und sich der Poesie näherte, hat er die Hörer bewusst in seinen Bann ziehen wollen. Wie seine Redeweise Schule machte, zeigt die Rede Agathons, die im gorgianischen Stile abgefasst ist. Philosophisch vertrat G. einen nihilistischen Standpunkt: „Es existiert nichts; wenn aber etwas existiert, so ist es nicht erkennbar; wenn etwas aber existiert und erkennbar ist, so kann man es anderen nicht mitteilen."

Δήλιον (221 A) Ort in Böotien, unweit der attischen Grenze am Euripos, der Meerenge zwischen Euböa und dem Festland, gelegen. Mit der Schlacht bei D. wurde das Schicksal des groß angelegten konzentrischen Angriffs der Athener auf Böotien im Jahre 424 besiegelt. Es war dies die einzige große Feldschlacht des zehnjährigen Archidamischen Krieges und auch dadurch bedeutsam, dass in ihr zum ersten Mal die Taktik der schiefen Schlachtordnung mit Erfolg von den Böotern angewandt wurde.

Διοκλῆς (222 B) aus Athen, Vater des Euthydemos.

Διόνυσος (175 E, 177 E) war schon nach griechischer Überlieferung ursprünglich ein thrakischer Gott. Später wurde er als Sohn des Zeus und der Thebanerin Semele in das genealogische System der griechischen Götter eingefügt. Die griechische Heimat seines Kultes wurde – vielleicht durch bis hierhin vorgedrungene Thraker, die sich dort ansiedelten – Böotien. Seine Geburtsstadt Theben wurde ein Hauptort seines Mythos und Kultes, und auf dem Parnass fanden die Orgien statt, der Kern des Dionysos-Kultes. Zur Winterzeit streiften die Verehrerinnen des D. – nur Frauen nahmen hier teil, Mänaden, Bacchen oder Thyiaden genannt –, in Scharen geteilt, mit Fackeln durch den Wald. Den Thyrsos schwingend, tanzten sie, bis sie erschöpft zu Boden sanken. In ihrer Verzückung glaubten sie, Ströme von Milch, Honig und Wein aus dem Boden hervorbrechen zu sehen und zerrissen in höchster Erregung ein Tier und aßen es roh. Als Vegetationsgott wurde D. an den Anthesterien, dem Blütenfest zu Beginn des Frühlings, verehrt. Dabei fuhr der Gott, von Silenen umgeben, in einer Prozession umher. Als Gott der Vegetation und der Baumzucht wurde er auch der Gott des Weines. Teil seines Kultes in Athen waren die Aufführungen von Tragödien und Komödien.

Διοτίμα (201 D, E, 202 D, 204 A, D, 206 B, 207 C, 208 B, 112 B) angeblich Priesterin aus Mantinea und Lehrerin des Sokrates, von der Sokrates im Smp. seine metaphysische Eroslehre gelernt haben will. Offenbar ist diese Person von Platon erfunden worden. Ihre Rede nimmt im Smp. die Stelle ein, die in anderen Dialogen Platons der Mythos innehat. Die Gestalt einer Priesterin ist insofern höchst passend gewählt, als der Eros einmal ein großes Geheimnis ist, in das einzuweihen nur einem im Dienste der Gottheit Stehenden zukommt, sodann ein Dämon, der zwischen Menschen und Göttern vermittelt, von dem zu künden wiederum nur eben einem Interpreten der Gottheit bei den Menschen zusteht. Durch die Einführung der D. nimmt Platon der Auseinandersetzung des Sokrates mit Agathon ihre Spitze.

Διώνη (180 D) nach den Orphikern Titanin und Tochter der Gaia und des Uranos, bei Hesiod Tochter des Okeanos und der

Tethys. In Dodona wurde sie neben dem Zeus Naios verehrt. Sie trug dort denselben Beinamen, und die zu ihren Ehren gefeierten Spiele hießen Νάϊα. D. ist die Femininform zu Zeus und bezeichnet eine Göttin des hellen Himmels. Sie ist so eine weibliche Entsprechung zum Himmelsgott Zeus. Bei Homer wurde D. Mutter der Aphrodite von Zeus.

Εἰλείθυια (206 D) Göttin der Wehen und der Geburt, ursprünglich minoische Gottheit, die in Amnisos auf Kreta in einer Grotte verehrt wurde. Später ging ihr Name als Beiname auf Artemis und Hera über, die ihre Funktion übernahmen.

Ἕκτωρ (179 E) Sohn des Priamos und der Hekabe, Bruder des Paris, bei Homer Hauptheld der Troer. Als Achill grollend dem Kampf fernblieb, gelang es ihm, bis zu den Schiffen der Achäer vorzudringen und sie in Brand zu stecken. Er tötete Patroklos, der den Achäern mit den Myrmidonen Achills zu Hilfe kam, fiel aber später selbst von der Hand Achills. Dieser schleifte seinen Leichnam, an seinen Streitwagen gebunden, über die Erde, lieferte ihn jedoch später dem greisen Priamos zur Bestattung aus.

Ἑλλάς (209 D) Land der Ἕλληνες.

Ἕλληνες (175 E, 179 B, 209 E) hießen nach Thukydides ursprünglich nur die Bewohner der südthessalischen Phthiotis. Erst später wurde der Name als gemeinsame Bezeichnung der gesamten griechischen Stämme üblich.

Ἐρυξίμαχος (175 A, 176 B, E, 177 A 2mal, 185 D 3mal, E, 189 A, B, C, 193 B, D, E, 194 A, 196 E, 198 A 2mal, 214 A, B 3mal, C, D, E, 218 B, 223 B) aus Athen, Sohn des Akumenos, wie dieser Arzt, Asklepiade. Er ist Freund des Phaidros. Im Platonischen Protagoras ist er ein aufmerksamer Hörer des Sophisten Hippias. Auch seine Rede auf den Eros zeigt durchaus sophistisches Gepräge. Er sucht seine Disziplin in den weiteren Zusammenhang der Wissenschaften einzuordnen, kann dies aber, da es ihm an der nötigen philosophischen Grundlage fehlt, nur in dilettantischer Weise. Außerdem wird er als etwas pedantischer Mäßigkeitsapostel ironisiert.

Ἔρως (177 A, C, D, E, 178 A, B 3mal, C, 179 A, B, 180 B, C 2mal, D 4mal, E, 181 A, 185 C, 186 A, B, 187 E 2mal, 188 A, C

2mal, D, E, 193 B, D 2mal, 194 D, 195 A 4mal, B 2mal, C 3mal, E, 196 A 2mal, B 4mal, C 4mal, D 3mal, E 2mal, 197 A 2mal, B 3mal, C, 198 D, E 2mal, 199 C 2mal, D 2mal, E 200 A, E, 201 A 2mal, B 2mal, C, D, E 3mal, 202 B, D 3mal, 203 C 3mal, E, 204 B 3mal, C 4mal, D 2mal, 212 B 3mal, C, 214 C). Der E. begegnet zum ersten Mal bei Hesiod, der ihn gleich nach Chaos und Gaia (und Tartaros) entstanden sein lässt und ihn den schönsten der Götter nennt, der die Gedanken aller Götter und Menschen beherrscht und ihr Wollen lenkt. Wenn es auch nirgends ausdrücklich gesagt wird, ist er doch offenbar die treibende Kraft in der Entwicklung des Chaos zum Kosmos, die man sich als fortlaufende Zeugung dachte. Mit Himeros begleitet er Aphrodite seit ihrer Geburt. Hesiod kannte den E. aus seiner böotischen Heimat, wo er in Thespiai in der Nähe seines Geburtsortes Askra in Gestalt eines unbehauenen Steines verehrt wurde. An ihn schlossen sich die orphische Theogonie und Parmenides an, der den E. jedoch ganz an den Anfang der Schöpfung setzte. Eine weitere Nachwirkung seiner Lehren fassen wir bei Empedokles, wenn dieser neben die vier Elemente Φιλότης und Νεῖκος als vereinigende und trennende Mächte stellt. Der Gedanke eines zwiefachen E., eines guten und eines schlechten, begegnet zum ersten Mal bei Euripides. Daran schließt sich Pausanias in seiner Rede an. In den offiziellen Kult ist der E. nicht als Gott aufgenommen worden. Dennoch wurde er vielerorts verehrt, besonders in den Gymnasien, was seine enge Verbindung mit der Knabenliebe zeigt. Sie geht auch aus den zahlreichen Vasenbildern hervor, auf denen er erscheint. Die Kunst stellte ihn als beflügelten Jüngling oder Knaben dar, und als Putto, Genie und Amorette lebte er mit der Renaissance wieder auf.

Εὐθύδημος (222 B) Sohn des Diokles, ein treuer Anhänger des Sokrates, verschieden von dem Sophisten E. aus Chios, den Platon in seinem gleichnamigen Dialog verspottet, und dem Sohn des Kephalos, Bruder des Polemarchos und Lysias, in Platons Staat.

Εὐριπίδης (177 A) Sohn des Mnesarches oder Mnesarchides und der Kleito aus dem Demos Phlya, von etwa 485 bis 407/406, neben Aischylos und Sophokles der dritte große griechische Tragiker, unter dessen Namen 19 Dramen erhalten sind.

Ἐφιάλτης (190 B) Bruder des Otos, Sohn des Aloeus bzw. des Poseidon und der Iphimedeia. Die beiden Riesen, die mit neun Jahren schon neun Ellen breit und neun Klafter groß waren, kündigten den Göttern den Kampf an und wollten auf den Olymp den Ossa und auf diesen den Pelion türmen, um so den Himmel zu ersteigen, wurden aber vorher von Apollon getötet.

Ζεύς (173 B, 180 D,190 C 2mal, 191 B, 197 B, 202 C, 203 B, 206 A, 222 E) Sohn des Kronos und der Rheia, Bruder Poseidons und des Hades, der griechische Himmels- und Wettergott, der auf hohen Bergen, insbesondere auf dem Olymp, seinen Sitz hat, der König und Vater der Götter und Menschen, von dem das Königtum der alten Könige sich ableitete.

Ἦλις (182 B) Landschaft auf der Peloponnes, von deren Westküste sie die nördliche Hälfte einnimmt. Im Süden von E. lag das durch seine Spiele weltbekannte Olympia.

Ἡράκλειτος (187 A) aus Ephesos, um 500, einer der bedeutendsten griechischen Philosophen mit weitreichender Wirkung. Seine Hauptlehre ist, dass hinter den wechselnden und gegensätzlichen Erscheinungen der Sinnenwelt eine alles umfassende Einheit steht. Das Symbol dieser die Gegensätze verbindenden Einheit ist die auf widerstrebender Spannung beruhende Zusammenfügung zur Einheit bei Bogen und Leier.

Ἡρακλῆς (177 B, 213 B) Sohn des Zeus und der Alkmene, der Gattin des Amphitryon, der größte Heros der Griechen. Berühmt sind vor allem die zwölf Abenteuer, die er im Dienste des Eurystheus, des Herrschers von Mykene, bestand (der sogen. Dodekathlos). Sie waren z. B. in den Metopen des Zeustempels in Olympia dargestellt. Daneben wurden aber noch zahlreiche andere Abenteuer von ihm erzählt. Für sein Leben voll Mühen und seine Heldentaten im Dienste der Menschheit wurde er durch die Aufnahme in den Himmel und die Ehe mit der Göttin Hebe belohnt.

Ἡσίοδος (178 B, C, 195 C, 209 D) aus Askra in Böotien, um 700 v. Chr., der früheste abendländische Dichter, der in seinem

Werk ein persönliches Anliegen ausspricht. Erhalten sind von ihm die Theogonie, ein genealogisches System der griechischen Götter, und die Ἔργα καὶ ἡμέραι, die in ihrem Kern Anweisungen für das Arbeitsjahr des Bauern enthalten, an die sich Regeln für die Seefahrt anschließen.

Ἥφαιστος (192 D, 197 B) Gott des Feuers und der Schmiede, wohl aus Kleinasien übernommen. Im griechischen System der Götter wurde er Sohn des Zeus und der Hera. Obwohl beiderseitig lahm, erhielt er Aphrodite zur Gattin, wurde aber von ihr mit Ares hintergangen. Als H. dies von Helios erfuhr, schmiedete er ein unsichtbares Netz und spannte es über sein Bett. Darin wurden die beiden bei ihrer nächsten Vereinigung gefesselt, und H. stellte sie vor allen Göttern bloß.

Θέτις (179 E) Tochter des Nereus und der Doris, Mutter Achills von Peleus.

Ἰαπετός (195 C) Titane, Sohn des Uranos und der Gaia, Vater des Atlas sowie des Prometheus und des Epimetheus.

Ἴωνες (220 C) griechischer Stamm, zu dem auf dem griechischen Festland die Bewohner von Attika und Euböa zählten. Der engere Gebrauch dieser Bezeichnung umfasste aber nur die zu diesem Stamm gehörenden Griechen an der kleinasiatischen Küste von Phokaia bis Milet sowie auf den vorgelagerten Inseln von Chios bis Leros und zu den Kykladen außer den drei südlichen, Melos, Thera und Astypalaia.

Ἰωνία (182 B) Land der Ἴωνες, geographische Bezeichnung für die Mitglieder des Bundes der zwölf ionischen Städte.

Καλλονή (206 D) Göttin der Schönheit, von Platon erfunden.

Κόδρος (208 D) sagenhafter König von Athen, Sohn des Melanthos, Nachkomme des Neleus aus dem messenischen Pylos. Da ein Orakel den Dorern den Sieg über Athen versprach, wenn nicht durch ihre Hand deren König umkäme, ging K. in der Verkleidung eines Holz sammelnden Bettlers vor die Stadt und begann Streit mit zwei Dorern, denen er begegnete. Dabei wurde er von dem einen der beiden erschlagen. Als die Dorier erfuhren, wer der Getötete sei, zogen sie wieder ab. So rettete K. das Königtum für seine Kinder.

Κρόνος (195 B) Titane, Sohn des Uranos und der Gaia, Vater des Zeus, der ihn schließlich stürzte und mit den übrigen Titanen in den Tartaros sperrte.

Κυδαθηναιεύς (173 B) Einwohner des attischen Demos Κυδαθῆναι im Stadtgebiet von Athen, der die Akropolis im Norden umschloss.

Λακεδαιμόνιοι (193 A) im engeren Sinne die Bewohner Spartas, im weiteren die der ganzen Landschaft Lakonien im Südosten der Peloponnes.

Λακεδαίμων (209 D 2mal) die Stadt Sparta am Eurotas in der südostpeloponnesischen Landschaft Lakonien, zwischen Taygetos im Westen und Parnon im Osten am nördlichen Ende der bis zum Meer sich erstreckenden Ebene gelegen.

Λάχης (221 A, B) Sohn des Melanopos aus dem Demos Aixone südlich von Athen am Saronischen Golf. Ein Dialog Platons, der über die Tapferkeit handelt, trägt seinen Namen. 427 führte er mit Charoiades, der allerdings bald fiel, die erste Sizilische Expedition, mit der die Athener in die Streitigkeiten der sizilischen Städte untereinander eingriffen. 424 nahm er als Hoplit mit Sokrates an der Schlacht bei Delion teil. Der einjährige Waffenstillstand mit den Spartanern von 423 kam auf sein Betreiben zustande. Er fiel 418 als Stratege in der Schlacht bei Mantinea.

Λύκειον (223 D) Bezirk im Osten Athens mit Heiligtum des Ἀπόλλων Λύκειος. In dem wohl auf die Zeit der Peisistratiden zurückgehenden Gymnasion hatte später Aristoteles seine Schule.

Λυκοῦργος (209 D) legendärer Gesetzgeber Spartas.

Μαντινικός (201 D, 211 D) von Μαντίνεια abgeleitetes Adjektiv: = aus Mantinea; s. zu ᾿Αρκάδες.

Μαρσύας (215 B, C, E) ursprünglich Flussgott des Nebenflusses des Mäanders und Stadtgott von Kelainai. Als phrygischer Gott aus dem Kreise der Kybele führte er die Flöte. Die einwandernden Griechen machten ihn zum Silen. Eine in der Quellgrotte des Flusses Marsyas in Kelainai hängende Menschenhaut wurde als Haut des M. gedeutet. Man erzählte, Apollon habe sie nach seinem Siege über M., der mit ihm über die σοφία stritt, aufgehängt. Dieser Streit des M. mit Apollon ist ein Reflex des

Kampfes der Flöte und Kithara, ebenso wie die von Myron in einer berühmten Gruppe gestaltete Sage, nach der Athena das Flötenspiel erfunden, dann aber die Flöte fortgeworfen haben soll, weil sie das Gesicht verzerre, den Vorgang spiegelt, dass man in Athen nach kurzem Versuch das Flötenspiel wieder verwarf.

Μελανίππη (177 A) Tochter des Aiolos. Euripides hat sie in den Mittelpunkt zweier Dramen gestellt. In der M. ἡ σοφή kämpft sie mit sophistischen Argumenten um das Leben ihrer von Poseidon gezeugten Zwillinge Boiotos und Aiolos, die in einem Rinderstall versteckt gefunden wurden. Diese retten dafür in der M. δεσμῶτις ihre von ihrem Vater geblendete und eingesperrte Mutter.

Μενέλεως (174 C 2mal) ionisch und attisch für Μενέλαος, Sohn des Atreus und der Aerope, Bruder Agamemnons. Als siegreicher Bewerber um Helena unter zahlreichen Konkurrenten übernimmt er von seinem Schwiegervater Tyndareos auch die Königsherrschaft in Sparta. Nach der Entführung Helenas durch Paris bietet sein Bruder Agamemnon die ehemaligen Freier der Helena zum Kriege gegen Troja auf. M. zeichnet sich dort durch Tapferkeit aus, so im Zweikampf mit Paris und bei der Bergung der Leiche des Patroklos. Einen μαλθακὸν αἰχμητήν nennt ihn nur Apollon, der mit dieser geringschätzigen Bezeichnung Hektor um so stärker anspornen will.

Μῆτις (203 B) Tochter des Okeanos und der Tethys, Göttin der Klugheit, erste Gattin des Zeus. Als sie mit Athene schwanger war und Gaia Zeus prophezeite, M. werde ihm erst eine Tochter gebären, die ihm an Kraft und Klugheit gleich sei, darauf einen Sohn, der zum König der Götter und Menschen bestimmt sei, verschlang Zeus M. Athene sprang später aus seinem Haupte hervor.

Μοῖρα (206 D) Das Wort bedeutet zunächst „Anteil“ und bezeichnet als Lebensanteil auch das persönliche Schicksal des einzelnen Menschen. Als solches erscheint die M. schon bei Homer personifiziert als die Göttin, die den einzelnen Menschen das ihnen zufallende Schicksal zuteilt. Anstelle der einen M. nennt

Hesiod drei Moiren: Klotho, Lachesis und Atropos. In der Regel treten sie nur bei Geburt und Tod in Funktion.

Μοῦσαι (197 B) Töchter des Zeus und der Mnemosyne. Ursprünglich gab es nur eine einzige Muse, doch kennen schon Homer und Hesiod die Neunzahl. Besonders verehrt wurden sie in Pierien am Olymp, auf dem böotischen Helikon und auf dem Parnass bei Delphi.

Μυρρινούσιος (176 D) Einwohner des attischen Demos Myrrhinus an der Ostküste Attikas ostsüdöstlich von Athen.

Νέστωρ (221 C) Sohn des Neleus und der Chloris, Herrscher von Pylos an der Ostküste der Peloponnes. Von den 15 Söhnen des Neleus blieb er allein im Kampf mit den Herakliden übrig. Am Trojanischen Krieg nahm er bereits als Greis teil. Infolge seines Alters, seiner Weisheit und Beredsamkeit erscheint er als der Ratgeber der anderen, die seinem Wort stets Gehör schenken.

Οἴαγρος (179 D) thrakischer Flussgott, Sohn des Charops oder Pieros, Gemahl der Kalliope und Vater des Orpheus.

Ὄλυμπος (215 C) berühmter phrygischer Flötenspieler wohl des 8. Jh. v. Chr., der diese Kunst von Marsyas gelernt hatte. Liedertexte von ihm werden nirgendwo erwähnt. Er war anscheinend reiner Instrumentalist.

Ὅμηρος (174 B, C, 179 B, 180 A, 190 B, 195 D 2mal, 198 C, 209 D) Unter diesem Namen sind die beiden großen Epen Ilias und Odyssee überliefert. Indes wurde schon im Altertum bezweifelt, dass beide Gedichte von demselben Dichter seien. Die moderne Analyse hat sogar in jedem der beiden Epen verschiedene Dichter unterschieden. Aber wenn auch jeweils mehrere Dichter am Werk waren, so sind doch beide Gedichte in sich geschlossene Einheiten geworden, die die gestaltende Hand eines großen Dichters verraten. Die Bedeutung der Ilias und der Odyssee für die griechische Geistesgeschichte ergibt sich schon daraus, dass alle bedeutenden griechischen Dichter und Denker sich – oft kritisch – damit auseinandergesetzt haben.

Ὀρφεύς (179 D) mythischer Dichter, Sohn des Oiagros und der Muse Kalliope, wohl aus dem nördlich des Olymp gelegenen Pierien stammend. Mit der Macht seines Leierspieles und seines Gesanges bezauberte er Pflanzen und Tiere. Als seine Gattin Eurydike, von einer Schlange gebissen, starb, stieg O. in die Unterwelt hinab und bewog Hades zur Rückgabe. Doch stellte dieser die Bedingung, dass O. sich vor der Rückkehr in die Oberwelt nicht nach ihr umblicken dürfe. Als O. sich nicht enthalten konnte, es doch zu tun, entschwand Eurydike in die Unterwelt zurück. Lange trauerte O. einsam um sie. Er starb, von thrakischen Mänaden zerrissen, da er den Dionysos nicht verehren wollte.

Οὐράνιος (180 D, E, 181 C) von Uranos stammend, ihm gehörig, Beiname der Aphrodite (s. dazu) und des Eros (s. dazu).

Οὐρανία μοῦσα (187 E) Muse der Astronomie. Wenn sie von Euryximachos mit dem Οὐράνιος Ἔρως in Verbindung gebracht wird, so wohl wegen ihrer Namensgleichheit mit der Ἀφροδίτη Οὐρανία. Dazu kommt, dass er den Eros anschließend zu einer kosmischen Macht ausweitet.

Οὐρανός (180 D) Sohn und Gemahl der Gaia, Vater der Titanen, Kyklopen und Hekatoncheiren, Ahnherr aller Götter. Voll Zorn, dass U. die Kyklopen und Hekatoncheiren in den Tartaros geworfen hat, überredet Gaia die Titanen zum Kampf gegen den Vater und gibt ihrem jüngsten Sohn Kronos eine stählerne Sichel. Dieser bemächtigt sich mit Hilfe der übrigen Titanen der Weltherrschaft, nachdem er U. mit der Sichel die Geschlechtsteile abgeschnitten hat. Er wirft sie ins Meer, und aus dem Schaum, der sich rings um sie aufwirft, entspringt Aphrodite und wächst darin groß.

Πάνδημος (180 E 2mal, 181 A) Beiname der Aphrodite (s. dazu) und des Eros (s. dazu). Ursprünglich bezeichnete er die Allgegenwart der Göttin bei allen Gemeinden und Ständen eines Volkes bzw. ihre Sorge für das ganze Volk. Erst später wurde er als „gemein, niedrig“ gedeutet und – im Gegensatz zur Knabenliebe – auf die sinnliche Liebe bezogen.

Παρμενίδης (178 B, 195 C) aus dem unteritalischen Elea, wo er als Sohn eines vornehmen Hauses etwa 540 geboren sein mag, Gesetzgeber seiner Vaterstadt und hervorragendster Vertreter der sogen. eleatischen Philosophie. Seine entscheidende

Entdeckung ist das Seiende, das eines, ewig und unveränderlich ist, von der Gestalt einer wohlgerundeten Kugel; zu erkennen ist es nur durch die Vernunft. Diesem wahren Seienden steht die Scheinwelt der Dinge gegenüber, die Vielfalt, Werden und Vergehen und Veränderung kennt. Sie behandelt P. im zweiten Teil seines Lehrgedichtes. Indem er hier eine Lehre der Weltentstehung liefert, tritt er, wie auch im Proömium, in Konkurrenz zu Hesiod.

Πάτροκλος (179 E, 180 A 2mal, 208 D) Sohn des Menoitios aus Thessalien, Achills bester Freund, dem er nach Troja folgt. Erst als P. von Hektors Hand fällt, greift Achill wieder in den Kampf ein, dem er seit seinem Streit mit Agamemnon ferngeblieben war, und tötet Hektor. Er selbst fällt bald darauf durch Paris, der so seinen Bruder Hektor rächt. Die Auffassung, dass P. der Geliebte Achills sei, geht auf die Myrmidonen des Aischylos zurück. Bei Homer ist von einem erotischen Verhältnis nicht die Rede.

Παυσανίας (176 A, B, 177 E, 180 C, 185 C, E, 186 B, 189 C, 193 B, 218 B) aus dem Demos Kerameis, notorischer Liebhaber des Agathon. Er scheint ihn auch – vielleicht 407 – nach Pella an den Hof des makedonischen Königs Archelaos begleitet zu haben. Während er bei Xenophon als offener Vertreter der grobsinnlichen Männerliebe erscheint, tritt er bei Platon nur für einen verfeinerten sinnlichen Eros ein. Seine Rede zeugt davon, dass er eine intensive sophistische und rhetorische Bildung genossen hat.

Πελίας (179 B) Sohn des Poseidon und der Tyro, Zwillingsbruder des Neleus, nach Vertreibung seines Stiefbruders Aison Herrscher über Iolkos im Innern der durch die Halbinsel Magnesia gebildeten Bucht von Pagasai in Ostthessalien. Als Aisons Sohn Iason erwachsen ist und das Erbe seines Vaters fordert, schickt P. ihn aus, das goldene Vlies aus Kolchis zu holen.

Πενία (203 B 2mal, C) Personifikation der Armut, schon von Aristophanes im Plutos als zerlumpte Bettlerin auf die Bühne gebracht. Sie hatte in Gades einen Altar und galt auch auf Andros als Gottheit.

Περικλῆς (215 E, 221 C) Sohn des Xanthippos, Großneffe des Kleisthenes, Angehöriger des bedeutenden Geschlechtes der Alkmeoniden, Schüler des Anaxagoras. Sein politischer Aufstieg steht in engem Zusammenhang mit dem Sieg der demokratischen Partei und der Durchführung einer Reihe von demokratischen Neuerungen, die Athen außenpolitisch in Gegensatz zu Sparta brachten. Von Jahr zu Jahr erneut zum Strategen gewählt, übte er einen entscheidenden Einfluss auf die gesamte athenische Politik aus und gab seinem Zeitalter sein Gepräge. In seiner Amtszeit erreichte Athens Macht ihren Höhepunkt und entstanden die Bauten auf der Akropolis. Von seinen Gegnern als Urheber des Peloponnesischen Krieges bezeichnet, war er jedenfalls bestrebt, die für unvermeidbar angesehene Auseinandersetzung im günstigsten Augenblick zu beginnen. 429 starb er an der Pest. Er war berühmt als Redner und kluger Staatsmann.

Πολύμνια (187 E) Tochter des Zeus und der Mnemosyne, Muse des Tanzes.

Πόρος (203 B 3mal, C) wurde schon von Alkman, der ihn an die Stelle des hesiodischen Chaos setzte, personifiziert und sogar zum Vater des Eros gemacht. Er ist der Gott, der um Mittel und Wege nicht verlegen ist, sondern überall Rat weiß und über die nötigen Mittel verfügt.

Ποσειδῶν (214 D) Sohn des Kronos und der Rheia, Bruder des Zeus, des Hades und der Hera, Beherrscher des Meeres, das ihm bei der Teilung der Welt zufiel, und als „Erderschütterer" Erdbebengott. Ursprünglich wohl in Gestalt eines Pferdes gedacht, blieb er der Gott des Pferdes und des ritterlichen Pferderennens. Daher schworen ritterliche Kreise gerne bei ihm.

Ποτείδαια (219 E, 221 A) wichtigste Griechenstadt Thrakiens, auf dem Isthmos der Halbinsel Pallene gelegen. Als die Athener 432 den Bruch der Stadt mit dem Makedonenkönig Perdikkas, dessen Macht sie immer schon einzuschränken gesucht hatten, forderten und zugleich demütigende Bedingungen stellten, trat P. im Vertrauen auf die Mutterstadt Korinth, zu der ein sehr enges Verhältnis bestand, aus dem Delisch-Attischen Seebund aus. Daraufhin belagerten die Athener die Stadt, die 2000

Korinthier verteidigen halfen, und zwangen sie schließlich 429 zur Kapitulation.

Πρόδικος (177 B) von Keos, Sophist, dessen Vorträge auch Sokrates z. T. gehört hat. Auf sprachlichem Gebiet beschäftigte er sich vorzugsweise mit Wortunterscheidungen (Synonymik). Aus seinem ξύγγραμμα περὶ Ἡρακλέους, später Ὧραι genannt, stammt die bekannte Geschichte von Herakles am Scheidewege, die uns Xenophon vermittelt hat. Außerdem schrieb er ein Werk περὶ φύσεως (ἀνθρώπου).

Σειρῆνες (216 A) Schadendämonen, in deren Gestalt Vogel- und Mädchenleib gemischt sind. Homer kennt nur zwei, später hat man drei oder vier angenommen. Die homerischen S. locken mit ihrem Gesang die Schiffer zu sich heran, um sie zu töten. Sie sind von einer Menge Menschengebeine umgeben. Odysseus gelingt es, an ihnen vorbeizukommen, da er seinen Leuten die Ohren mit Wachs verstopft und sich selbst an den Mast seines Schiffes binden lässt. Als die S. sehen, dass ihr Gesang wirkungslos bleibt, stürzen sie sich ins Meer.

Σόλων (209 D) Sohn des Exekestides, Angehöriger des alten Königsgeschlechtes der Medontiden, der jedoch nicht zu den Reichen gehörte. Nachdem er als politischer Dichter und Warner seiner Standesgenossen vor der Hybris hervorgetreten war und so auf einen Ausgleich der Stände hingearbeitet hatte, wurde er 594/593 zum Archon mit außerordentlichen Befugnissen gewählt. Seine Neuordnung betrifft dreierlei: Einmal hob er alle Schulden auf, beseitigte die Schuldknechtschaft und setzte ein Höchstmaß für Grunderwerb fest. Sodann reformierte er das Münz-, Maß- und Gewichtwesen. Schließlich teilte er die Bürgerschaft nach Rechten und Pflichten gemäß dem Vermögen in vier Klassen ein (Timokratie). Wenn auch die Beamtenstellen den drei oberen Klassen vorbehalten waren, so hatten doch alle Bürger Zutritt zu der Volksversammlung und den Geschworenengerichten und konnten in den Rat der 400 gewählt werden.

Σωκράτης (172 B, C, 173 A, B 2mal, 173 D 2mal, 174 A, C, D, E 3mal, 175 A 2mal, C 3mal, D, E, 176 A, C, 177 D, 178 A, 193 E 2mal, 194 A 2mal, B 2mal, D 2mal, E, 198 A, B, 199 C, E,

200 A 2mal, B, D, E, 201 A, B, C 2mal, 202 C, D, 204 B, D 2mal, E, 205 A, 206 C, E, 207 A, 208 B, C, 209 E, 210 E, 211 D, 212 C 2mal, 213 A, B 4mal, C, E, 214 A 3mal, C, D 3mal, E, 215 A, B, 216 A, D, 217 A 2mal, B, E, 218 B, C, 219 C 2mal, D, 220 A, C, E 2mal, 221 A, C, E, 222 A, C 2mal, E 3mal, 223 A 2mal, B, C 2mal, D 2mal) Sohn des Bildhauers Sophroniskos und der Hebamme Phainarete, geboren 469 in Alopeke, wenige Meilen südöstlich von Athen. Seine Lehrer sind im Einzelnen nicht zu bestimmen. Doch waren ihm die Lehren der wichtigsten Philosophen vertraut. Ursprünglich ebenfalls als Bildhauer tätig, wandte er sich später ganz der Philosophie zu. Im Peloponnesischen Krieg nahm er an den Kämpfen bei Poteidaia, Delion und Amphipolis teil. Von der Politik hielt er sich fern. Doch war er 406 Prytane und widersetzte sich als solcher dem ungesetzlichen Verlangen nach einer En-bloc-Aburteilung der Feldherrn der Arginusenschlacht. Unter den Dreißig führte er einen Verhaftungsbefehl nicht aus. 399 wurde er wegen Gottlosigkeit und als Verderber der Jugend angeklagt und zum Tode verurteilt. Er hat selber nichts schriftlich hinterlassen. Seine Lehren sind uns vor allem durch seine Schüler Platon und Xenophon bekannt. Sein Philosophieren war ganz auf die Ethik gerichtet. Charakteristisch für sein Lehren ist das Wechselgespräch, der Dialog, mit dessen spezifisch sokratischer Form die Begriffe μαιευτικὴ τέχνη (Hebammenkunst) und Ironie verknüpft sind.

Φαῖδρος (176 C, D, 177 A, C, D, E, 178 A, 180 C 3mal, 185 C, 194 D, E, 195 B 2mal, 197 C, E, 199 B 3mal, C, 212 B, C, 218 A, 223 B) Sohn des Pythokles aus dem Demos Myrrhinus an der Ostküste Attikas ostsüdöstlich von Athen, Freund des Eryximachos. Im Protagoras erscheint er als eifriger Zuhörer des Hippias, in dem nach ihm benannten Phdr. als Bewunderer der Redekunst und besonders des Lysias. Sein brennendes Interesse an λόγοι ἐρωτικοί zeigen sowohl der Phdr. als auch das Smp. Wie er dort einen λόγος ἐρωτικός des Lysias vorliest, so ist er hier der πατὴρ τοῦ λόγου, auf den das Thema der Reden beim Smp. zurückgeht. Platon beklagt in einem Epigramm, dass er ihn aus seinem Kreis verloren hat, nachdem man einmal – durch ihn

– auf seine Schönheit aufmerksam geworden ist. Bei allem Interesse an philosophischen Fragen war Ph. eben doch kein Philosoph, wie ja auch seine Rede im Smp. mehr vordergründig und eine rhetorische Leistung in der Art der üblichen ἔπαινοι ist als durchdacht und konsequent.

Φαληρεύς (172 A) Einwohner von Phaleron.

Φάληρον (172 A) der älteste Hafen Athens im Südsüdosten der Stadt und östlich des von Themistokles ausgebauten Piräus.

Φίλιππος (172 B) Vater des Phoinix, sonst unbekannt.

Φοῖνιξ (172 B, 173 B) Sohn des Philippos, sonst unbekannt.

Χάος (178 B) der klaffende (χάσκειν), leere Raum, der nach Hesiod als erstes entstand und aus dem Erebos und Nyx hervorgegangen sind. Als weitere Urprinzipien, die nicht vom Ch. abstammen, nennt Hesiod daneben Gaia und Eros.

Χαρμίδης (222 B) Sohn des Glaukon, Platons Oheim mütterlicherseits. Wie sein Vetter und Vormund Kritias war er Mitglied des oligarchischen Regiments der Dreißig. Beide fielen 404/403 bei dem Treffen an dem östlich des Piräus ins Meer mündenden Kephisos im Kampf gegen die demokratischen Emigranten und Verbannten, die unter Führung des Thrasybulos gewaltsam die Rückkehr erzwangen. Platon hat ihm einen Dialog gewidmet. Darin wird er als schön, besonnen und maßvoll (σώφρων) geschildert. Wie Kritias gehörte auch er wenigstens eine Zeit lang dem Kreis um Sokrates an.

Ὦτος (190 B) s. zu Ἐφίαλτος.

Literaturverzeichnis

Die wichtigste ältere Literatur (Ausgaben bis 1915, Sekundärliteratur bis 1908) findet man bei Kurt Hildebrandt, Platons Gastmahl, Philosophische Bibliothek Bd. 81, Leipzig 1922, Seite 127–130, in der von Otto Apelt besorgten Literaturübersicht zusammengestellt, die neuere bei Otto Apelt – Annemarie Capelle, Platon, Das Gastmahl, Hamburg ²1973, Seite XXII–XXXI. Außer den einschlägigen RE-Artikeln sei hier auf folgende Literatur hingewiesen:

Albert, Karl: Griechische Religion und platonische Philosophie, Hamburg 1980.

Ders.: Über Platons Begriff der Philosophie, in: Beitr. z. Phil. Nr. 1, Sankt Augustin 1989.

Boll, Franz und Buchwald, Wolfgang: Platon, Symposion, München ⁶1969.

Bork, Arnold: Der junge Grieche, Zürich/Stuttgart 1959.

Buchner, Hartmut: Eros und Sein. Erörterungen zu Platons Symposion, Bonn 1965.

Bury, Robert Gregg: The Symposion of Plato, Cambridge ²1932.

Dover, Kenneth James: Plato, Symposion, Cambridge Greek and Latin Classics, Cambridge 1980 (Ausgabe mit Einführung und Kommentar).

Ders.: Homosexualität in der griechischen Antike, München 1983.

Ehlers, Barbara: Eine vorplatonische Deutung des sokratischen Eros. Der Dialog Aspasia des Sokratikers Aischines, München 1966.

Eisenberger, Herbert: Sokrates, Diotima und die „Wahrheit“ über ΕΡΩΣ, in: Αἴνιγμα, Festschrift für Helmut Rahn,Heidelberg 1987, S. 183–218.

Friedländer, Paul: Platon III, Berlin ²1960, S. 1–28.

Gauss, Hermann: Handkommentar zu den Dialogen Platos II/2, Bern 1958, S. 81–117.

Haag, Erich: Die Diotimarede in Platons Symposion, in: AU V 4 (1962) S. 72–79.

Herter, Hans: Platons Akademie, Bonn ²1952.

Hirschberger, Johannes: Wert und Wissen im platonischen Symposion, in: Philosophisches Jahrbuch der Görres-Gesellschaft 46 (1933) S. 201–227.

Hoffmann, Ernst: Über Platons Symposion, Heidelberg 1947.
Jaeger, Werner: Paideia II, Berlin [2]1954, S. 244–269.
Koller, Hermann: Die Komposition des platonischen Symposions, Diss. Zürich 1948.
Kranz, Walther: Diotima, in: Die Antike 2 (1926) S. 313–327.
Ders.: Diotima von Mantineia, in: Hermes 61 (1926) S. 437–447.
Krüger, Gerhard: Einsicht und Leidenschaft. Das Wesen des platonischen Denkens, Frankfurt am Main [4]1973.
Landmann, Georg Peter: Xenophon, Das Gastmahl, Hamburg 1957 (mit einem Vortrag über das griechische Symposion von Peter von der Mühl aus dem Jahre 1926).
Lesky, Albin: Vom Eros der Hellenen, Göttingen 1976.
Marrou, Henri Irénée: Geschichte der Erziehung im klassischen Altertum, Freiburg/München 1957.
Martin, Josef: Symposion. Die Geschichte einer literarischen Form, Paderborn 1931.
Patzer, Harald: Die griechische Knabenliebe, Wiss. Ges. der J.-W.-Goethe-Universität Frankfurt SB 19,1, [2]1983.
Pohlenz, Max: Aus Platos Werdezeit, Berlin 1913.
Reinsberg, Carola: Ehe, Hetärentum und Knabenliebe im antiken Griechenland, München 1989.
Reynen, Hans: Der vermittelte Bericht im Platonischen Symposion, in: Gymnasium 74 (1967) S. 405–422.
Robin, Léon: La théorie platonicienne de l'amour, Paris [2]1964.
Rosen, Stanley: Plato's Symposion, New Haven 1987.
Röttger, Gerhard: Das sprachliche Kunstwerk im altsprachlichen Unterricht, in: AU XIV 5 (1971) S. 52–71.
Schmid, Wilhelm: Die Geburt der Philosophie im Garten der Lüste. Michel Foucaults Archäologie des Platonischen Eros, Frankfurt 1987.
Seel, Otto: Die platonische Akademie, Stuttgart 1953.
Stenzel, Julius: Platon der Erzieher, Leipzig 1928, S. 191–248.
Ullrich, Friedrich: Entstehung und Entwicklung der Literaturgattung des Symposion, Progr. Würzburg 1908/9.
Vicaire, Paul: Platon, Oeuvres complètes IV 2, Le Banquet, notice de Léon Robin (1929), texte établi et traduit par Paul Vicaire, avec le concours de Jean Laborderie, Paris 1989.
Vretska, Karl: Zu Form und Aufbau von Platons Symposion, Serta philol. Aenipontana, Innsbruck 1962, S. 143–156.
Wichmann, Ottomar: Platon, Darmstadt 1966, S. 243–263.
Wippern, Jürgen: Zur unterrichtlichen Lektüre der Diotima-Rede in Platons Symposion, in: AU IX 5 (1966) S. 35–59.